U0462639

板方形

[日]田实碧○著

孙明远○译

江苏凤凰美术出版社

曲闵民○选书

旅行建筑家隈研吾的魅力

TRAVEL
ARCHITECT

THE CHARM
OF
KENGO
KUMA

明治神宮博物館

明治神宮ミュージアム

MEIJI
JINGU
MUSEUM

©Mitsumasa Fjitsuka

水／玻璃（ATAMI 海峰楼）

11

石美术馆

根津美术馆

AO-Re长冈

高柳町・阳之乐屋

19

新国立竞技场设计效果图

22

云端图书馆

23

竹屋

南三陆灿灿商店街

北上川・运河交流馆・水的洞窟

马头广重美术馆

梼原町综合厅舍

森舞台・登米町传统艺能传承馆

目录

第二章

与传统文化·人·素材的邂逅

第三章

从地方到世界，再到未来

2019 年 7 月

隈研吾建筑都市设计事务所，青山

Q&A

采访者 · **Q**　隈研吾 · **A**

———

两届东京奥林匹克运动会
——新国立竞技场建筑秘闻

Q· 　　　　体育运动的圣地，新国立竞技场即将完成建设。为迎接2020年投入使用的准备工作也在稳步进行。距离上一届东京奥林匹克运动会已经过去半个多世纪，隈研吾先生是否还记得当年的事情？

A· 　　　　我记得非常清楚哦。那时我上小学四年级。对于孩子们而言，奥林匹克运动会是一场大规模的盛会。学校的老师也告诉我们"可以看电视哟"，还组织同学们围坐在教室的电视机前观看比赛。仅这一点，对孩子们来说，就已经是非常特别的事情了。

Q· 　　　　看来，在教室通过电视机观看比赛是隈研吾先生特别深刻的回忆呢。那么，奥林匹克运动会的比赛给您留下了怎样的印象？

A· 　　　　一个印象是美国好厉害啊。当时也的确是美国的时代。实际上，美国选手的实力也非常强。比如游泳比赛中，有一位叫唐·斯科兰德的非常优秀的选手，我想他当时应该是18岁，又年轻又帅气，一共获得了四枚金牌，给我留下了特别深刻的印象。

Q·   孩童时期的印象一定是非常深刻的。

A·   是的。他是我孩童时期的英雄。唐·斯科兰德住
在美国西海岸波特兰的湖畔，据说，他因为在湖
里游泳所以才锻炼出惊人的速度。

后来我得知，唐·斯科兰德就住在我现在着手设
计的波特兰的项目附近，于是和他取得联系，约
定下次见面。从来没有想象过可以和孩童时期憧
憬的英雄见面，我内心一直非常非常兴奋。

Q·   真是令人感动的故事。我想，隈研吾先生应该有
很多偶然的邂逅吧。无论是和人的邂逅，还是和场所或是和素
材的邂逅。我感觉从很久以前开始，隈研吾先生就受到那些偶
然的邂逅的恩惠。这些偶然的邂逅又促成了隈研吾先生今日的
成就。

A·   的确，可以这样认为。我也喜欢去探索各种我没
有去过的地方，在未知的土地上，又可以遇到各
种新的邂逅。

Q·　　　比如隈研吾先生在研究生时代，进入原广司先生的研究室后计划去非洲调查等，也证明隈研吾先生从年轻时代开始就在追寻与新世界的邂逅吧。

我认为，隈研吾先生的优点就是：在邂逅新事物的时候始终抱有强烈的好奇心。不断挑战新事物，尝试寻找与众不同的切入点，这是极为难得的品质。

已经是30年前的事情了吧。年轻的建筑设计家们在六本木聚会的时候，大家也聊过这个话题呢。

A·　　　哈哈哈。是啊，是这样的呢。

Q·　　　从那时起，我就感受到隈研吾先生的设计方法论的独特魅力，一直被其所吸引，始终在关注隈研吾先生的工作。

A·　　　非常感谢。

Q· 隈研吾先生是看到当时作为奥林匹克运动会游泳
赛场的代代木体育馆后，立志成为建筑家的吧。

A· 是丹下健三先生设计的国立代代木体育馆。我认
为那是丹下健三先生最高的杰作。

Q· 虽然我不记得比赛的情况，但是对代代木体育馆
的印象非常深刻。
我特别喜欢代代木体育馆的屋顶，看到第一体育馆屋顶时候的
感动现在仍记忆犹新。

A· 第一体育馆的屋顶在两根柱子之间描绘出优美的
曲线。进入馆内，柔和的光线从天井洒下。我喜
欢在那个光线下游泳，每年夏天都去。那时候我
就想，终究有一天我也要设计出这样的建筑。

Q·　　　　孩童时代的梦想能得以实现是多美好的事情啊。据说隈研吾先生对国立竞技场所处的神宫外苑也有很深的情结。

A·　　　　是这样的。大学时代，我经常去驹场、本乡、六本木的生产技术研究所（现迁移至驹场，其旧址建设了国立新美术馆）。神宫有很多植物，对我而言是最好的休闲场所。

Q·　　　　神宫外苑是东京都心的绿洲。在周边还有皇宫和赤坂御用地、新宿御苑以及明治神宫等地的绿茵。这么说起来，神宫外苑周边洋溢着优雅、华丽的氛围呢。

A·　　　　是的。我对神宫和青山一带的感受最为深刻。虽然我也经常去六本木和涩谷一带游玩，但还是迷恋青山和神宫外苑周边的氛围。
　　　　　　学生时期我曾经参加过位于神宫外苑的网球俱乐部，训练结束后经常会和朋友们一起喝酒。以前的国立竞技场地下有一处名为"运动桑拿（スポーツサウナ）"的场所，那里可以视为日本的运动俱乐部的前身。因为那里会营业到深夜，所以我经常在那儿彻夜锻炼后再去学校。很长一段时间都是这样的生活。那里是爱玩的人经常聚会的地方，也有很多名人，总而言之各种人都会去，那里是一个有独特氛围的地方。

Q·　非常时尚的学生生活呢。

A·　对我而言，外苑和青山一带是我的原点之一。我认为我的文化方面的原点，也还是在这里。

Q·　创业以来，隈研吾先生的设计事务所就一直位于青山一带吧。我记得最初是在青山一丁目，其后是在青山大道旁的楼房中，然后是现在外苑前的这个地方。

A·　很少有人知道我最初的设计事务所的所在。

Q· 我记得很清楚啊。那是从大路进入小径后的一个传统的木造住宅。

因公因私我也常来这一带。这一带也是我非常喜欢的地方。现在的经营者已经更换了，我还曾经设计过 Urakupuraseo·青山（ウラクプラセオ青山）会员制俱乐部的内装，隈研吾先生也曾是那个俱乐部的会员。

A· 是这样的。

Q· 我和隈研吾先生的活动区域高度相似，所以也因此能和隈研吾先生产生共鸣吧。

关于建设在神宫外苑森林的新国立竞技场，在扎哈·哈迪德的设计方案被撤回后，大成建设邀请隈研吾先生主持设计，但时间上非常紧迫吧。

A· 距方案提交的截止日期只有两个半月。如此紧迫的时间中必须提交设计图和预算等全部方案，这是通常难以想象的非常严酷的日程。

但是，反过来说，已经知道仅有两个半月的紧张日程，所以不能犹豫，也绝不允许任何犹豫。神宫就是这样的感觉！神宫就是森林！森林就好像是神宫的屋顶，森林和屋顶是自然融合的。我脑海里闪现着如同日本的五重塔的断面样的形状，就毫不迟疑将其画在图纸上。

Q· 所以在隈研吾先生脑海中首先闪现的是建筑和环境的融合呢。

A· 我觉得，大家对我的期待也还是如何创造环境，这是我不得不考虑的事情。大家也认为，如果隈研吾先生这么说，那就这么办。时间也非常紧迫，那时候，100多人的设计团队齐心协力，团结一致。团队租借了国立竞技场前的楼房，在那儿描绘图纸……就这样才得以在两个半月内完成了全部工作。

Q· 也可以说是隈研吾先生能融入设计团队，工作才得以顺利完成。

A· 为了让新国立竞技场融于环境，我们在尽可能的范围内降低其建筑高度。最终得以将建筑高度控制在47.4米。而包括照明塔在内，以前的国立竞技场的建筑高度超过50米。

Q ·　　　　　的确如此，新国立竞技场隐藏于神宫的森林之中，如果不走到近处是无法看到的。

A ·　　　　　这应归功于构造设计小组的努力。

Q ·　　　　　如此之短的时间完成如此大量的工作，真的是很不容易。也许神宫的神祇也在保佑隈研吾先生呢。2020年是明治神宫镇座百年纪念，隈研吾先生也要参与神宫博物馆的建设项目，这好像也是有什么缘分呢。

A ·　　　　　也许真的是这样的呢。实际上扎哈·哈迪德的设计方案出问题的时候，根津美术馆馆长根津公一先生推荐我："应该让隈研吾先生设计国立竞技场。给现在的国立竞技场上空覆盖上木制栅格，如果是隈研吾先生一定会改建得恰到好处。"
听到这些，我想，原来如此，有人这样认知和评价我。既然如此，那么就在神宫的森林中用木制栅格。我尽己所能构想了形象。实际上，重新竞稿的时候，我想，如果最初按照根津先生所说的那种感觉来做的话一定不错。

Q·　　　　　根津美术馆的房顶也非常美。在开幕式上，我听说隈研吾先生和根津先生亲自探访了各个地方。减少台阶高差的设计方案，也是两人一起实际探访、考察后确定的。

因为我也上了年纪，所以看到高度差少的台阶就特别开心。庭院在正前方，一点也没有破坏原本环境的氛围。更不用说屋顶和庭院融合的那种美妙感觉。我非常喜欢现在的根津美术馆。

A·　　　　　无论做什么工作，我都非常重视人与人的合作关系，根津美术馆也是如此。根津美术馆可以说是我和根津先生的共同设计，如果不是这样，我也不会安心。

根津先生和我巡游了世界各地的美术馆。我们经常讨论，这个美术馆的照明很好，那个的照明有问题等。可以说，根津美术馆是活用我们在旅行中获得的经验设计的。我们现在还维持着这种合作关系。所以说，最终还是人与人的合作啊。

Q· 　　　　　所谓建筑，既是在建造建筑物，同时也是在创造人与人之间的关系呢。不过，正因为是隈研吾先生所以才能这样讲的吧。

虽然此前隈研吾先生曾做过多个美术馆的设计，但大型体育场馆的设计对您来说也是第一次。其间你是否感受到很多艰辛？

A· 　　　　虽然是第一次设计大型体育场场馆，但我喜欢看体育比赛，比如去欧洲等地的时候，我就经常去看足球比赛。

和日本灰暗的混凝土块似的体育场不同，欧洲的体育场馆的氛围更为愉快。体育场馆内还有商店、咖啡厅等，这些细节就足以让人感到开心，去观看比赛时有轻松自在的感觉。

和迄今为止的日本体育场馆常有的生硬感不同，我构想的新国立竞技场要营造一种更为柔和的印象。

Q· 　　　　新国立竞技场中也会有咖啡厅等设施吗？

A·   据说现在正在讨论奥林匹克运动会、残疾人奥林匹克运动会结束后新国立竞技场的运营方案。只要有好的创意,在神宫的森林中就应该可以形成一个让人开心愉悦的场所呢。

Q·   这些非常重要呢。因为这不仅仅关系竞技场馆,更重要的是还关系城市建设的存在方式。

隈研吾先生刚才提到喜欢看体育比赛,世界各地的体育场馆中有您特别喜欢的吗?

A·   我非常喜欢美国的棒球场。比如西雅图、波士顿的棒球场。美国的棒球场位于观众席内侧或者说是面向街道一侧的,场内还有店铺。这30多年间,美国的棒球场的设计也开始从注重内侧转向注重外侧了。在日本的体育场馆的设计中还找不到这种乐趣。

体育场馆的设计中,内侧当然很重要,因为选手和观众才是体育比赛的主角。但是,我考虑的是:必须再设计向外侧的体育场馆的另外一张"脸"。为此,我在新国立竞技场外侧设计了木质的屋檐,又在五楼设计了名为"空中森林"的游步道等。我想,这些内外反转的设计是和此前的体育场馆的不同之处。

13

Q· 　　　新国立竞技场转向外侧后，神宫森林的氛围也
会改变呢。新国立竞技场是和大成建设、梓设计一起合作完成
的，在设计方面有什么倍感辛苦之处吗？

A· 　　　场馆的日常维护和夏季防暑是难题。屋檐等处都
　　　使用了木材，在维护方面还是存在问题的。
　　　法隆寺等传统木质建筑也是如此，长期维护木质
　　　建筑的秘诀是尽可能利用屋檐使木材不直接暴露
　　　在雨水中。在建筑中，屋檐也是首先映入眼帘且
　　　最引人注目之处，所以针对新国立竞技场的屋檐
　　　角度计算等细节方面我们投入了极大的精力。为
　　　便于更换，对木质部件也进行了单元化设计。
　　　此外，被称为"风之大檐"的栅格，可以根据方位
　　　微妙地改变其缝隙，这样既可以有效地利用各个
　　　季节的自然风，也是夏季防暑的对策之一。

Q· 自然风的通道也是隈研吾先生设计的建筑中的重要细节。新国立竞技场中还设计了 "风之大檐" "风之露台"。实际上也还设置有很多气流风扇以制造人工气流吧。

A· 是的。特意设计了很多风的通道。因为很多体育场馆不会考虑这些细节，所以风无法进入那些封闭的混凝土建筑中。

Q· 是呢。空气的流动会改变体育场馆的氛围和舒适程度呢。
屋檐上有由日本柳杉制成的栅格，听说那些木材是从全国各地收集而来的。

A· 本来是想用日本柳杉的。日本也有非常著名的柳杉产地。最初，设计团队为确定使用哪个产地的柳杉进行了各种各样的研究，但在讨论过程中，有了新的想法，最后我们觉得，如果是从全日本47个都道府县收集木材岂不是更有趣。于是最终采用现在的这个方案。

Q·　这的确是契合新国立竞技场的创意。

A·　我们收集了全国各地的木材，将其全部排列起来进行比较。然后发现，原来这些木材的颜色都各不相同。我从未意识到杉木的颜色如此不同。同样是来自东北地区的杉木，产自太平洋一侧的和产自日本海一侧的就有很大不同。再比如青森、秋田的杉木，其颜色也不尽相同。这些真的是太有趣了。

这些用于屋檐的木材，我们将其按照产地进行了归类，目的是让观众抬头往上看的时候可以感知其微妙的不同之处。还有从冲绳收集的琉球松，仅仅是观察这些材质就一定很有趣。

Q·　我在建筑效果图中看到，在夜间的照明下，新国立竞技场就好像飘浮的雪洞灯一样透亮、轻盈。

A·　我觉得体育场馆营造的氛围应不仅限于白天，夜晚也一样重要。我每天上班路上都会经过国立竞技场，以前的那个建筑，在夜晚的时候看上去更像一块巨大的混凝土，非常灰暗。在新国立竞技场中，我想让每一个在夜晚路过的人都有愉快的感受。

Q·　　　　听上去新国立竞技场的昼夜氛围不一样呢。

A·　　　　实际上，我们在考虑夜间从下往上照明时，对如何呈现屋檐最美的断面进行了精心的设计。新国立竞技场的照明设计，比如和最近很多地方流行的那种闪耀的感觉不同，是从下至上用柔和的照明覆盖着木材的肌理，从而营造一种柔软的、隐约的印象。

Q·　　　　含蓄是日本特有的美学观念啊。

将体育场馆的照明，表现出如同从雪洞灯或者纸拉门洒落的光线一般的含蓄之美，这真的是极为高明的设计，令人在新国立竞技场这一"动"的场所感觉到"静"之美。

A·　　　　因为暂时还未全部完工，仅仅是做了一部分实验，所以我非常期待看到新国立竞技场整体照明的效果。

Q·   观众席的设计呢？新国立竞技场的观众席也参考了歌舞伎座时候的设计经验吧。

A·   是这样的。在设计歌舞伎座的时候，根据现代人的体型将座椅做宽了3厘米。不要小看3厘米，这实际上是一个很大的数字，即便是体型较大的外国人也可以轻松落座。

国立竞技场中的部分场所也设置了宽敞的座椅。但是最吸引人的还是如同森林中洒落的光线般的五种颜色的座椅，这些座椅混合放置于观众席，这样，即便是竞技场中无人的时候也不会有寂寞的感觉。

迄今为止的体育场馆的座椅都是纯红或纯蓝色，而这种颜色不符合神宫森林的氛围。所以，我使用了绿色、茶色、白色等大地色调，靠近竞技场的位置多用深色调座椅，靠近屋顶的部分则多用浅色座椅。这样，即便是进入无人的竞技场，看起来也好像有穿着各种各样衣服的人坐在观众席。

Q· 　　　就好像秋日红叶季节的森林。

A· 　　　是的。就是营造红叶季节的森林的印象。外苑的
森林中也有银杏林，那些难道不是很美么。

Q· 　　　是啊。完全融入神宫绿荫的新国立竞技场。发现
各种各样重叠在一起的印象，捕捉不断涌现的灵感，然后将其
变成具体的造型，这就是隈研吾先生魅力的所在。大家都说隈
研吾先生是"和的大师"，如此来说，同时也是"融合的大师"。

A· 　　　哈哈哈。怎么说呢。迄今为止，如果说到"和的大
师"，其代表是吉田五十八先生和村野藤吾先生
等人，他们都曾设计了极好的和风建筑。但我并
不想把自己局限于日式建筑这一狭窄的领域，而
是想用东方的哲学、融合的感性去设计各种各样
的建筑。

Q·　　　　如您所言。您也的确实现了这一目标。很长一段时间中我观察隈研吾先生的建筑，在其中感受到与自然的融合、环境的融合、素材的融合，以及与人、文化和历史的融合。新国立竞技场就是隈研吾先生的集大成之作。

A·　　　　非常感谢。自古以来，日本就有与人、环境和谐相处的木造建筑的文化和技术，期待这些可以通过新国立竞技场传播出去。

田实碧

写在前面

旅行的建筑家·隈研吾的魅力

隈研吾先生喜欢旅行，始终对旅途中遇到的人、物、事抱有浓厚的兴趣。他还是旅行达人，打包行李的速度很快。人的审美意识都不尽相同，其价值观更是多到无法计数。

30余年前，在西武美术馆、六本木的AXIS大楼（アクシスビル）、巴而可（パルコ）等经常举行各类活动。虽然那些活动的规模不尽相同，但隈研吾先生对其中一类建筑家抱有特别的关心。

无论是设计帝国酒店的弗兰克·劳埃德·赖特，还是设计东京大学工学部的乔赛亚·康德，以及布鲁诺·陶特等，从年轻时代开始，隈研吾先生就对这些先贤充满了兴趣。

隈研吾先生表现出无与伦比的才华和感性。他深刻理解自古以来的传统文化，绝不轻易否定，而是保留其精华，再加以新的观点使其重生。旺盛的精力和好奇心驱使他走访世界的每一个角落，其活动领域之广泛令人惊叹。

执笔本书，我烦恼于在书中如何称呼隈研吾先生。经隈研吾先生本人允许，决定以"隈研"记之。

记田实碧女士

每每和田实碧女士兴奋地聊起土耳其和巴西的话题，都能感受到她是非常有趣的人。田实碧女士敏锐地洞察到，在21世纪的现在，什么是奢侈，什么是奢华。

这种奢侈与20世纪的奢侈有着本质的不同。这种奢侈是隐藏在世界边缘的奢侈。就好像田实碧女士和我都喜欢的土耳其早餐一般的奢侈。

为探寻这种奢侈，只能用自己的脚，用自己的身体，通过旅行获得体验。所以田实碧女士和我都非常喜欢旅行。为了探寻遍布在世界各地的隐秘角落，我们始终在旅途中。当然，旺盛的食欲和强健的身体是旅途的保障。幸运的是：田实碧女士和我可能同时具备这两点。

第一章

建筑家·隈研吾的原点

文化方面的原点 〔青山·神宫外苑〕

20世纪80年代后半期，我曾拜访隈研刚刚创立的设计事务所。那是位于青山一丁目的一栋传统的木造住宅，在泡沫经济时代的青山地区，散发着落后于时代的独特气息。直至今日，那种强烈的怀旧感仍令我记忆犹新。我为隈研的创造力及其在穷困时期闪现的独特构思所吸引，此后30年的岁月中，始终追寻着他的作品。

相较旧竞技场，2019年（令和元年）建设的新国立竞技场的建筑高度减少了10余米，完全融入神宫的绿荫之中。

从国立竞技场被称为"外苑门"的南侧入口进入

观众席，微风和煦，植物的清香扑鼻而来，令我几乎忘记身处东京的最中心。种植于百年前的环绕着国立竞技场的明治神宫外苑森林，深深扎根于这片土地，清爽的空气流淌在林木间隙。据隈研说，这是隈研调查外苑周边的历史大数据，从中解析出一年365日中风的流动规律，在细致计算的基础上设计的。

新植的树木也非常考究。在充分利用原有植被的基础上，栽植了适宜此地气候和风土的品种多样的树木。虽然是新植，但其长势良好，因为在建筑完成之前，就已在充分验证的基础上，经过了悉心的培育。

覆盖国立竞技场的绿荫令人心旷神怡。大自然赋予从全国47个都道府县精心收集的各类树木以不同的纹理和色彩，表现出多样的韵味。基于生态的、可持续的设计概念建设的国立竞技场，也充分考虑到日常维护工作的便利。建筑中使用的木材之处大多被设计为单元化部件，以便快捷地维修和替换，这是在参照世界上最古老的木制建筑法隆寺的基础上，才得以实现的可持续的系统化设计。屋檐下有序地排列着木制的栅格，大的屋檐可以根据需要变更角度。这种极为精巧的构造，可以调节风的流向，利用流入竞技场内部的自然风，将湿热的空气从建筑上部排出室外。屋顶是使用落叶松、日本扁柏的木质加铁质材料的复合构造，既充分施展了木材的特质，又自然地融合在一起。

在充分考虑到人和生态环境的国立竞技场中，通用设计也是其一大特征。满足各类人群的人性化设计随处可见。比如，2009年新建的位于青山地区的根津美术馆中较宽的、高度差较小的台阶等巧妙的设计也在国立竞技场中得以沿用，这些细节表现出无微不至的关心和体贴。

隈研称神宫外苑所处的青山地区是自己文化方面的原点，从中可以感受到他特有的执着。国立竞技场充分发扬日本美学的独特性和日本木造建筑的特点，融于神宫外苑的森林，朝向未来。

旅行的建筑家的原点〔非洲·撒哈拉〕

积极利用自然和环境的"负建筑"设计思想的原点在旅途中。20世纪80年代的研究生时期，隈研对文化人类学充满兴趣，憧憬西欧之外的世界。为此，他进入以调查亚洲、南美洲村落为研究主题的原广司先生的研究室。

幸运的是，进入原广司先生的研究室后，隈研被委任安排全部计划，并得以去非洲进行田野调查。因为对非洲有很危险的刻板印象，所以出发前隈研曾以为那是相当不安的旅程，但没想到非洲的治安意外之好，加之又是非常舒适的季节，所以度过了极为美好的旅途时光。

那是从马赛出发，乘渡轮前往阿尔及尔，驾车纵贯撒哈拉沙漠，然后穿过科特迪瓦的漫长行程。包括原广司先生在内队员共六人，分乘两部从汽车厂商调配的车辆穿越沙漠，整个行程的直线距离达3500公里，团队在一个半月的时间内调查了近100个村落。

在非洲的村落调查当然都没有事先预约。面对当地人的怀疑和惊讶，堆出满面微笑，若无其事溜进村落是队员们得以顺利实施调查的诀窍。进入村落后，或用卷尺测量房屋等的尺寸，或不断按下快门拍摄照片，一个村落的调查所需时间约为两小时。其间，原广司先生绘制村落平面图，记录房屋的布局，学生们则分别绘制房屋平面图。村落的孩子们总是满怀好奇围在队员旁边。据隈研回忆，如果能得到当地孩子们的帮助，调查就可以在和谐的气氛中顺利完成。但是，调查团队有时也会在当地居民的怒吼中被驱逐出村落，或者在当地居民报警后接受警察的审讯。

调查的对象村落分别散布在沙漠、疏林草原、丛林，其所处位置和所属部落各不相同，伴随空气湿度变化，房屋和村落形态也各有不同。

夜晚，队员们搭起帐篷在野外露宿。在满天星空下，原广司先生告诉隈研："建筑家所需要的不是才能，仅仅是体力和不屈的韧性。"这原本是原广司先生的恩师丹下健三先生的名言。在成为建筑家的现在，隈研每月每日都对此有切身体会。即便是现在，隈研还会梦到那次调查旅行，对他来说是极为难忘的体验。

经过那次调查旅行，回国后，隈研觉得自己可以应对任何环境，可以胜任和任何人在一起的任何工作。隈研获得了满满的自信，虽然并无确切的根据，但也许是在撒哈拉沙漠的泥土和绿色中，在只能使用自然素材的环境中获得的自信。那次调查旅行是成就今日之隈研的极大帮助，是极为难得的体验。

20世纪90年代，隈研经常收到在国内从事地域振
兴的人们的邀请去地方考察，其中，现在还保持
着良好关系的是梼原町。

高知县梼原町位于高知县与爱媛县县境的四国山
地，其土地的90％被森林覆盖，是以林业为主，
人口不到4000人的小镇。隈研因参加小镇中古老
的小戏院的保存运动，就此与梼原町结缘。而在
梼原与木材的邂逅，又形成了新国立竞技场的设
计灵感。

1989年（平成元年），隈研初次造访位于深山的
小镇梼原町。风尘仆仆赶到梼原，站在那座木造

戏院前的时候，隈研被"无论如何也要将这个戏院保存下来"的强烈责任感所打动。

自1948年（昭和23年）建成以来，作为"梼西原公民馆"，这个木造戏院就备受当地民众喜爱，他们在此举办戏剧、歌舞伎、电影放映等各种活动。这座木造戏院采用大正时代流行的和洋折中的设计风格，无论是现代的造型还是带有花道的舞台，抑或是二楼的看台、天井和地板木材的纹理，都令人惊叹、沉迷。虽然年久失修，但并非破破烂烂，仍在可以日常使用的状态。这座木造戏院就像是为了证明日本建筑技术高度而存在，那些纤细的木材通过细腻的手法、高超的技术被巧妙地组合在一起。2006年（平成18年）我也曾拜访这块土地，有幸亲眼见到了"梼原座（ゆすはら座）"。站在戏院前，我不禁感慨如此精妙的木结构建筑还能保存在高知县的深山之中简直就是奇迹。

1994年（平成6年）建成的"梼原地域交流设施（现·云端酒店）"是隈研在梼原设计的第一个项目。舞台搭建在壮阔景色中的池塘之上，是绝佳的表演空间，各种声音回荡于群山之中，美不胜收。

仿佛建在树上的"云端酒店别馆·梼原特产餐厅（マルシェ·ユスハラ）"、外观如抽屉般的"梼原综合厅舍"、有着美丽的木制桥墩的"木桥博物馆（木橋ミュージアム、云端画廊）"获得了艺术项目文部科学大臣赏。2018年（平成30年），"YURURI梼原（ＹＵＲＵＲＩゆすはら）"和"云端图书馆"建成。迄今为止，隈研已经在梼原完成了六个设施的设计和建设，现在正在着手设计第七个项目。这些建筑中都使用了当地特产的杉木。

梼原是以杉木、和纸闻名的小镇，这些地域特产的材质又得以应用于当地的建筑之中。我感觉，通过与在地方的自然中邂逅的人们的联系，创造与当地风土密切结合的优秀建筑的隈研的设计原点，正在梼原。最为重要的是，梼原是隈研与木材最初邂逅的土地，对隈研而言，是"传授了重视木材材质和自然的哲学，绿荫之恩人一样的场所"。

形成原风景的家乡后山 〔横滨·大仓山〕

隈研出生于1954年(昭和29年),成长于横滨市郊外的大仓山(当时的町名为太尾町)。大仓山是东急东横线沿线的卫星城,隈研童年时期还保留着丰富的自然环境和日本传统的生活方式。这里的成长经历,对隈研以后的人生道路产生了巨大的影响,形成他自身的原风景。

大仓山(当地地名的由来)横亘在隈研家的后面,鹤见川围绕着大仓山流淌。广袤的田野在山川之间蔓延开去,展现出一派深山中桃源乡的景色。后山脚下散落着农家,据说,隈研经常去那里玩耍。那里的农家有年纪相近的姐妹,孩子们总是避开玄关而从土间进出房屋。用土与石灰混合而成的三和土建造的土间，是兼具炊事和工作功能的日本建筑的传统布局。隈研说他至今还记得那都市的建筑中没有的，温润的空气。那是蕴藏在四季中的农活、伴随着丰收的庄稼而来的气息。在并不远离都市城镇生活的同时还能窥见自然中人们的日常生活，是极为难得的有意义的体验，以至于隈研甚至称其为神话般的生活。

大仓山的老屋，是隈研的外祖父为在周末摆弄农活而租借土地建成的。原本是建于1933年（昭和8年）的木制平房小屋，战后，隈研的父母开始在此居住并进行修缮、扩建。隈研的父亲曾立志成为艺术家，喜欢建筑和设计。据说相比榻榻米，隈研的父亲更喜欢木地板，他讲究细节，甚至格子也要求必须是正方形。隈研的父亲总是和当地的木匠商议修缮房屋。懂事后，隈研也会帮忙更换天花板、油漆墙壁等。

妹妹出生后，原本的房屋显得拥挤、狭小，为扩大居住面积，房屋经过数次扩建和改建。每次改扩建的时候，父亲都会主持召开家庭会议，听取每个家人的意见，以合议制确定房屋布局和内部装修风格。1909年(明治42年)出生的父亲平时非常严厉，孩子们在他面前都不敢说话。只有在召开家庭会议的时候，才能畅所欲言。隈研自由发言的时候，父亲也会耐心倾听。隈研回忆，一次家庭会议中，他提议以木制窗框代替铝制门窗，因为获得父亲的首肯而非常开心。

召开家庭会议时，大家铺开方格纸一边画图一边讨论房屋布局，加上祖母，五个人直抒己见。这样的家庭会议几乎和建筑事务所的设计会议没有区别。虽然只是和建筑设计完全无关的上班族，可能是因为要表达他对建筑的思考，隈研的父亲才会举行家庭会议。

决定未来的优美的悬挂屋顶 〔原宿〕

代代木体育馆（国立代代木竞技场）是1964年东京奥林匹克运动会的象征性建筑。代代木体育馆由丹下健三设计，有第一和第二两个体育馆，作为东京奥林匹克运动会的分会场建成于1964年（昭和39年）。第一和第二体育馆都采用屋顶悬挂结构，馆内没有柱子，悬挂在主柱上的屋顶描绘出极为优美的曲线。

隈研第一次造访代代木体育馆，是1964年东京奥林匹克运动会闭幕后，他小学四年级的时候。进入馆内，隈研被那前所未见的空间所震撼。特别是第一体育馆内，透过天窗洒下的阳光在游泳池的水面荡漾、反射，令人感到神清气爽。

第二体育馆的面积约为第一体育馆的三分之一，小巧又有亲切感。木制座椅和墙壁等形成独特的氛围。隈研至今也不能遗忘室外的光线射在墙面上闪耀着红色光芒的场景。隈研立志，将来他也要建造如此令人感动的建筑。夏天，第一体育馆的游泳池向公众开放后，他经常从家里转乘电车去游泳。

父亲是喜欢建筑的上班族，据说有空闲时间就会带全家去参观热门建筑。只要某处有新建筑落成，隈研家就全家出动参观并在建筑物前合影留念，虽然看起来很无聊，但对于年少的孩子来说，那是非常快乐的家庭活动。就是在这样的家庭旅行中，隈研邂逅了代代木体育馆。

丹下健三出生于1913年（大正2年），比隈研的父亲小四岁，是同一代人。丹下健三受到昭和时期现代主义的熏陶，是日本战后现代主义建筑家的代表人物。

代代木体育馆的建设秘闻至今仍脍炙人口。施工从1963年（昭和38年）二月开始，建筑工期只用了短短的一年八个月，令人难以置信。1959年（昭和34年）确定申办奥林匹克运动会后，为馆场建筑用地与驻日美军进行的谈判困难重重，导致施工推迟。很多人都担心建设工期不足。施工时，当时的IOC会长到访工地视察时说："我坚信日本人的能力。"在施工现场的技术人员和工匠们的满腔热忱和高超技术的支持下，工程得以在工期内完成。1964年（昭和39年）8月31日，代代木体育馆在距奥林匹克运动会开幕式前39天建成。

因为之前的国立竞技场建成于1958年（昭和33年）举办亚洲运动会之时，所以丹下健三的代代木体育馆可以说是上届奥林匹克运动会的遗产。

经过抗震改建工程，当时日本建筑技术集大成的代代木体育馆，也会用于这届奥林匹克运动会。现在，为促成在日本经济高速成长期用钢铁和混凝土建造的丹下健三的代代木体育馆申请世界遗产名录，隈研与日本建筑大师槇文彦等人一起展开积极活动。

隈研的父亲年幼时就失去双亲，10岁时寄养在东京日本桥的亲戚家中。之后，附近的三越总店就成为隈研的父亲的游戏场。那时的三越还只是吴服店，其后提出日本最初的"百货公司宣言"，华丽地转身为百货商店。三越总店中展示的国内外一流商品玲琅满目，总在那里玩耍的隈研的父亲受到熏陶培养出一流的审美眼光。

可能是受三越总店的影响，隈研的父亲非常讲究衬衣。隈研进入初中时，隈研的父亲在三越总店给他定制衬衣。衬衫是男性时尚的基本要素，仅领子的形状和打开方式就可以营造出各种不同印象。隈研的父亲喜欢白色，他通过向三越总店定制衬衣，学习纯棉和混纺、支数等基础知识。

1914年（大正3年），三越总店新馆建成。那是日本第一座配备电梯的五层高建筑，当时被誉为苏伊士以东最大的建筑。1923年（大正12年）关东大地震中，三越总店新馆的一部分毁于火灾，经过改建和增建，至1935年（昭和10年）完成了现在样貌。而其后，三越总店又经过隈研之手翻建和改建。

隈研的父亲的青春时代在日本桥周边度过，那是从江户时代开始形成的文化中心，代表那个时代的建筑纷纷落成于此。日比谷落成了弗兰克·劳埃德·赖特设计的帝国酒店新馆；日本桥建设了三井本馆；银座建设了三越银座店、和光本馆（当时称为服部钟表店大楼）。换而言之，隈研的父亲目睹从大正末期到昭和初期那些象征着"昭和摩登"的建筑的落成，理所当然也会喜欢建筑。

隈研的父亲最喜爱的是德国著名建筑家布鲁诺·陶特设计的木质烟盒。

53

布鲁诺·陶特曾于1933年(昭和8年)来日，在三年半的逗留期间，为总部位于高崎的井上工业设计了数百件椅子等家具和杂货。隈研的父亲最爱的木质烟盒，是在位于银座销售布鲁诺·陶特设计产品的名为 "Miratesu（ミラテス）" 的店里购买的。"Miratesu" 是井上工业经营的，昭和摩登时代的有名店铺。

隈研回忆，当时还仅有20多岁的父亲，经常炫耀那个小巧但相当昂贵，在背面刻有 "陶特井上（タウト井上）" 标志的烟盒。隈研之所以从孩童时期就对布鲁诺·陶特充满兴趣，正是因为受到了解布鲁诺·陶特，在有名店铺购买布鲁诺·陶特设计产品的父亲的影响。

朴素和节俭是隈研的父亲的座右铭。如果隈研有想购买的东西，需要写书面报告后再进行口头汇报和说明，如果不能逻辑清晰地解释购买目的就无法获得父亲的同意。据隈研回忆他也曾写过像论文一样的书面报告，但这也锻炼隈研在脑海中整理思路的能力。据说隈研的妹妹购物时不需要写书面报告，在某种意义上，那可能是父亲对隈

研的英才教育。这是很好的教育方法，我也将在
和年轻人共事时，指导他们整理思路并逻辑清晰
地说明目的。

隈研经常有命中注定的邂逅，这次与给他极大影响的布鲁诺·陶特的邂逅是在热海。

隈研偶然接受业务委托去考察现场时，发现旁边就是布鲁诺·陶特设计的日向别邸。就是那个设计隈研的父亲珍藏的木质烟盒的布鲁诺·陶特。我也曾在位于银座的名为"麻生美术"的画廊中看到过布鲁诺·陶特设计的灯具，那还是我认识隈研之前，这也让我感受到某种不可思议的缘分。

日向别邸中，布鲁诺·陶特把大海拉到手边，大海和建筑紧密联系在一起，水和身体仿佛融为一体。隈研无法忘记在布鲁诺·陶特设计的日向别邸中遇到的大海，他要拉近大海，要拉得比布鲁诺·陶特的大海更近。受这种想法所驱使，最终，隈研决定建造一座只有水面的建筑。

隈研要建造一座可以躺在水边闲望波光粼粼的水面，把身心都交给掠过水面的舒适的风的建筑，从而设计了"水/玻璃（ATAMI 海峰楼）"。

无论如何我都想亲身体验这座建筑。1995年（平成7年），我和东京大学的学生们一起前往热海。他们是隈研的学生，能和下一代建筑师一起度过的时光，对我来说既刺激又兴奋。

从建于高台之上的建筑向四周望去，我沉醉于迷人的景色中。内外海水交融，一直流向海平线的彼岸。天空的幽蓝和大海的碧蓝相互融入，无边无际。可以说，在梼原与"木"邂逅的隈研，在热海又邂逅了"水"。

形成这种独特设计的契机是"扶手"。要建造阳台，出于安全考虑就必须要安装扶手。但隈研无论如何也不想安装扶手，不愿那些扶手破坏远眺大海的美景。彼时，隈研脑海中闪现的灵感是可以利用水来保障安全性。在大海和建筑物之间设置水景，即便没有扶手，人也不能靠近建筑边缘。这样的创意解决了远眺风景和安全性的两难。

这种构思现在已经是海外酒店游泳池的常用设计方法，但当时还不为世人所知。我第一次看到那景色时候的感动，至今仍记忆犹新。

泡沫经济崩溃的20世纪90年代，隈研完全失去了东京的工作机会，于是隈研就借演讲、采访等机会积极去地方出差。原本他也喜欢地方小镇，喜欢乡下。在那些从事地域振兴工作的熟人的邀请下，隈研巡游于东北、四国等各地。

就是那个时期，隈研收到了爱媛县吉海町（现在的今治市）的工作委托。当地要在位于濑户内海大岛南部的龟老山上建设展望台。这是隈研地方巡游后接到的第一份工作，也是与地方自治体的初次合作。

大岛是战国时代村上海军的基地。从龟老山可以眺望曾被海盗们控制的来岛海峡。那是日本屈指可数的以潮流速度而闻名的海峡，其间散落着一些小岛。西濑户自动车道开通后的现在修建了横跨海峡的来岛海峡大桥，成为极有人气的观景点。当时大桥还未建成，只能从今治坐渡轮跨越海峡。

原本，自治体想委托隈研建设一座醒目的纪念碑式的展望台。但隈研的提案与自治体的愿望完全相反。隈研设计的是一个掩藏在山中，无法看到的建筑。不但从山下仰望时完全无法看到，即使是爬到山顶也只能看到通往展望台的台阶。但是如果再向上，视野就豁然开朗，无边无际的绝景在游客眼前展开。

隈研设计的是作为公园，在平整过的山顶上建造展望台，然后在其上覆盖土层栽种植物的方案。展望台于1994年（平成6年）建成。此后，如何不损害周围景观，将建筑融入自然和环境，成为隈研的重要研究课题。

据隈研称，他的设计是将他在大阪世博会瑞士馆中感受到的"反建筑"观念的具体形态化。

大阪的日本世界博览会举办于1970年（昭和45年）。虽然距东京奥林匹克运动会举办才过了六年时间而已，但形成这两个国家项目背景的时代精神已经发生了根本变化。举办大阪日本世界博览会之时，日本经济高速成长的弊端已经开始显现，社会中弥漫着萎靡的情绪。

高中一年级的暑假期间，隈研和朋友一起参观了大阪日本世界博览会。

大阪日本世界博览会的主题是"人类的进步和协调"，在六个月的举办期间，吸引超过6400万游客到场。千里丘陵上出现了形态各异的展馆，仿佛未来城市已经诞生于此。

然而，隈研对世界博览会的主题中所谓的"进步"部分感到困惑。他认为，与自然和环境的"协调"才是未来时代的主题，实际观察包含各种问题的现实社会就能理解所谓的"进步"业已结束。

世界博览会仅仅是资本主义的狂欢，此外别无一物。兴奋的人群充淹没了会场，到处都是人、人、人的浪潮，整体氛围与主题标榜的"进步""调和"相距甚远。参展的国家、商家建造的建筑，以及在其中陈列展陈物的形式也让隈研深感不适。

满怀失望的隈研漫步会场，邂逅了形成现在隈建筑的基础的"反建筑"。那就是以铝框架建造成树木形状的瑞士馆。

树木状的装置作品建立在广场中，广场本身就是展示场所。因为没有建筑，所以人们可以自由出入、自由参观。这种形式令隈研感动。瑞士馆的整体环境明亮、通风良好，仅仅站在树木装置作品下就令人神清气爽。瑞士馆的存在就好像在批判着世界博览会和其中的那些建筑。

与瑞士馆的邂逅，让隈研开始思考"反建筑"，他对建筑的热情与梦想也因此而得以维系。这一切源于隈研对建立在工业化社会和资本主义经济基础之上的建筑所抱有的怀疑。一方面日本社会沉醉于经济的高速成长，但另一方面也矛盾凸显，各种深层次的社会问题呈现出表面化的状态。在多感且纯粹的青年时代，隈研在大阪世界博览会和反建筑不期而遇，而这次邂逅，形成了隈建筑源流的思想核心。

世人还沉迷于名为世界博览会的狂欢节中浮夸的表演、浮躁的装置之时，隈研已经预感到即将来临的新时代，获得了形成其建筑思想的启示。虽然这种建筑思想还仅仅处于感觉层面，但作为高中一年级学生，隈研令人惊讶地展示出读取时代潮流的敏锐性。

中学·高中·大学〔镰仓·驹场·本乡〕

中学和高中时代，隈研就学于神奈川县镰仓市郊外的荣光学园，那是全国屈指可数的名校。荣光学园是天主教耶稣会运营的初中高中一贯制男校，既注重学习也重视体育锻炼，培养了大量活跃在各界的文武兼备的优秀人才。

我认为隈研的优点在于他不是纸面上的"理论派"，而是喜欢现场的"肉体派"，同时，他尊重合作方，对任何人都展现出温柔和谦虚。隈研的这种平衡感以及其特有的通用于世界的普遍性，可能就源于在荣光学园就读的六年中的培养。

1973年（昭和48年），隈研从荣光学园毕业后进入东京大学。这一年，石油危机席卷全球，日本的经济高速成长时代也不得不直面终结。原本工学部建筑系最受考生欢迎，但因为石油危机的影响，报考人数急剧下降。日本的产业从厚重长大向轻薄短小转变，建筑的时代业已结束的思潮在社会中蔓延。

大学期间，教授们也时常威胁学生，说建筑系毕业后找不到工作。但是对此，隈研并不感到惊讶。因为隈研感觉资本主义、工业化社会已经步入黄昏，而他进入建筑学科学习的前提就因为他预感建筑的时代已经终结，隈研想建设的是经济高速成长时代后的崭新的建筑。隈研的目标是反建筑，绝非为了迎合世间的潮流。在校期间，隈研也觉得老师的讲义非常无聊，因为那些老生常谈的内容感到苦闷。

这时，隈研遇到了内田祥哉先生。内田祥哉先生立足于科学的视角鼓吹日本木结构建筑的优点，这让隈研在沉闷的大学生活中感受到新鲜的气息。内田祥哉先生激烈地指出，相对于日本的木造建筑，混凝土建筑是前现代的、野蛮的构建方法。这种观点既让隈研感到震惊，又给他打开了崭新的世界。

从内田祥哉先生那里，隈研了解到日本的建筑是平等的、融通的、开放的。在欧洲，历史上建筑始终是精英阶层的职业，而在日本，只要有才能，平民也可以成为建筑家，不像欧洲那样有不可逾越的阶级障碍。在日本，无论是业主、还是木匠或工匠的地位都是平等的。大家一起交换意见推进工作，从而创造出与街景和环境融为一体的低调的建筑。

当然，其重要的背景是，日本建筑的主要材料是木材，木材受自然的制约，建筑当然也会受到制约。大家在制约中相互竞争技术，不断追求细节的完善，这也是日本木结构建筑的本质所在。自由自在地组合各类木材，灵活地创造各种空间，不仅限于建造本身，建筑物还需要对应以后可能出现的各种变化。不仅房梁可以更换，包括柱子在内都能移动的灵活性是日本木造建筑的精髓。现代主义建筑所提倡的自由是针对之前的石造、砖造建筑而言的。现代主义建筑虽然是开放的，但是柱子无法移动。而历史上，日本的木结构建筑早已获得现代主义建筑所追求的自由。

更不用说，木材是廉价、容易入手的素材，可以委托给木匠或者自行加工，从而构筑一个开放的系统，就如隈研家在大仓山自宅所做的那样，但随着时代的推移，原本开放的系统被限定了。在多数以钢铁和混凝土为主题的课程中，从内田祥哉先生那里学到的"木造精神"，对隈研而言是极为有意义的。

大学毕业后，隈研继续攻读研究生学位，他选择进入位于六本木生产技术研究所的原广司研究室。其原因是，原广司也出身于大学时代的恩师内田祥哉研究室。相比各类尖端设计，原广司研究室更致力于少数民族村落研究，此前曾在地中海、中南美、东欧、印度、中东进行了四次世界性的村落调查。

就是在研究生阶段，隈研参加了非洲的调查旅行。非洲既是原广司研究室还未曾调查过的地区，也是隈研内心向往的地方。1978年（昭和53年）的时候，对于日本人来说，海外旅行还是很特别的事情。欧洲已经很远，非洲更感觉像是远离日本的天边。共花费约两个月时间的海外旅行相当辛苦，从准备到各种具体安排都需要亲自去做，能平安归国对24岁的隈研来说是一生的财富。

1979年(昭和54年)研究生毕业后，隈研就职于大型企业"日本设计"。在公司，他专注于设计实践的同时，还学习管理工作经验。三年后，隈研转而就职于"户田建设"，又积累了建筑公司的经验。三年后他又从"户田建设"辞职。在这两家企业的工作中，无论什么都要隈研亲自去做，他参与了各种各样的项目，体验了从竞稿到现场监理的一系列工作。这六年的工作中，隈研深刻感受到了大型公司的优缺点，受益匪浅。

与森林融为一体的能舞台 〔宫城·登米〕

宫城县登米市的"登米町传统艺能传承馆"(俗称"森舞台")于1997年(平成9年)获得权威的日本建筑学会奖。"登米町传统艺能传承馆"是表演从江户时代就开始传承的历史悠久的地域能剧"登米能"的舞台,建成于1996年(平成8年)5月。那年,隈研41岁。

"森舞台"充分利用山脚地形,又借景于后山的森林,其形态端庄、优雅,协调于周边的自然。舞台和观众席之间设有"白洲",观众可以充分享受与森林融为一体的舞台。

"森舞台"可以说是其后成为隈建筑代名词的"负

建筑"的首次亮相。所谓"负建筑",是融入所处
地域的环境和文化,以和谐、柔和为特征的设
计,指向的目标是与自然和环境融为一体的建
筑,是倾听当地民众和客户的声音,使用来自当
地的木材、石头等素材,创造符合当地风土建筑
的设计思想。

20世纪90年代泡沫经济崩溃后,隈研的工作重
心转移至地方,在东北地区的最初着手的项目就
是这座能乐堂。因预算所限,无法使用木曾产的
日本扁柏,只能用当地的罗汉柏。

虽然当地民众和自治体努力筹措资金,但仍远远
不足,无法在舞台之外再建造建筑。隈研发挥想
象、扬长避短,相反创造出来更好的效果。他基
于能舞台建筑的传统,在建筑各处都加入独特的
创意。

传统上,能舞台外面就没有建筑。与周边自然环
境融合才是能舞台的本来面貌。像国立能乐堂那
样建于建筑中的能舞台是明治时代以后才出现的
潮流。既然预算有限,那就更没有必要刻意建造

舞台外的建筑,何不直接将能舞台建于室外。

白洲不用白色石灰岩原石,而是用更廉价的黑色碎石,舞台下也不装护板。为此,舞台与白洲的黑石相辅相成好像飘浮在空中一般,特别是夜晚表演薪能之时,在黑暗背景中衬托出飘浮般的舞台,营造出梦幻的气氛。

我曾和佐藤洋一先生、黑田长孝先生三人一起创办西武社区学院,和西武的堤清二先生也关系密切。堤清二先生在自家招待爱丁堡公爵菲利普亲王之时,邀请当时还年轻的观世流宗家观世清和先生表演《船弁庆》。因当天直到开演雨都未停,所以最后只能在家中表演。关根祥六先生决定让演员穿着袜子在草地上表演能剧。堤清二先生家中的花园内有池塘,灯光射向花园深处的树木,池塘宛如月光下昏暗的大海。这正是利用日本传统的借景手法演出的幽玄世界。清和先生优美的声音在四周荡气回肠,知盛的长刀像新月一样闪烁在暗夜中的大海。毋庸置疑,爱丁堡公爵菲利普亲王为此深受感动。

隈研的"森舞台"也是活用当地产的素材，在与当地民众的交流中创作出来的，令人一见难忘的建筑作品。屋顶使用当地特产的登米石，贴了石头的房顶架在木制建筑上。登米自古以来就是石材产地，甚至在东京站、法务省等有名建筑的屋顶上都有使用。隈研无论如何都想用登米石，所以他直接委托当地工匠进行了施工。作为共振装置安装在舞台下的瓶子，是参考京都西本愿寺的北能舞台设置的。另外，舞台背面的护墙板上是日本画家千住博先生的绘画，不但耐看还继承了能舞台的传统。

3·11大地震后，"森舞台"成为导演小津安二郎先生的电影节的放映场，因为在室外，所以动员了很多观众，在当地引起了巨大的反响。

得知歌舞伎座的重建项目将由隈研负责，我由衷地感到开心。因为，我坚信隈研绝不会建造完全否定传统的钢筋混凝土建筑。五六岁的时候，祖父母就经常带我欣赏能、歌舞伎表演。我曾特别担心，那个令人怀念的歌舞伎座的唐破风屋顶将会变成什么样子。

新歌舞伎座是与三菱地所设计合作的大型项目，继承歌舞伎座形态的同时建设包含办公楼在内的复合设施。剧场下部是直接连接地铁东银座站的广场和商业设施，上部设有交流设施和屋顶庭园。据隈研说，内饰的色彩不是艳丽华贵的金色，而是黄铜色，整体用从红色向米色过渡的渐

变统一在一起，降低了色彩对比度。天井的照明
极具功能性，椅子是在考虑现代人体型基础上特
别定制的。为贯彻无障碍设计方针，除设置自动
扶梯和电梯等之外，甚至充分考虑到化妆室的数
量等细节。

新歌舞伎座的外观沿袭由冈田信一郎设计，建于
明治时代的第三期歌舞伎座的桃山风格。剧场内
的地毯是特意向山形缎通定制的，再现了第四期
歌舞伎座中吉田五十八的设计（平等院凤凰堂的
壁画）。

面向木挽町的一侧全面使用玻璃，从外侧可以看
到建筑内侧，从而表现出建筑内外一体的繁华氛
围。舞台样式沿袭第四期的风格，各场所的尺寸
均无任何变更。这是因为歌舞伎演员是用身体来
记忆舞台尺寸的，如果尺寸变更，演员就很难知
道动作和站位的位置。

为让体格略大的现代人也可以舒适落座，观众席
座椅的宽度多出三厘米，深度多出六厘米。这个
数字是精密计算的结果，如果椅子尺寸过大，则

观众席的密度降低，可以容纳的观众数量减少，会影响演员的演出情绪。这是以演员的希望为重的设计方针。

天井的间接照明使用LED灯，营造出柔和的光线。最难处理的是音响，因为相比视觉，人对声音更为敏感。隈研在天井上制作了波浪般起伏的凸起，这些凸起具有作为反射板传递声波至观众的作用。

新歌舞伎座的设计中，在谋求多样的功能性更新迭代的同时，在内装外装上都继承和进一步发展了前人的创意。

第四期歌舞伎座的设计者吉田五十八是闻名银座的绅士。当时歌舞伎幕间休息时间的热门话题是谁穿了和剧目或者演员有关的服装。观众们会佩戴与自己喜欢的演员的家纹、衣裳相关的和服、带子、扇子等小物件观看演出。热衷时尚的吉田五十八的服装每次都是热门话题。剧院是公共空间。在欧洲，每逢歌剧上演的第一天，剧院周围的咖啡馆里也聚集着各种装扮的观众。如果遵循这种传统习惯观看歌舞伎表演，岂不是可以更为高涨地调动观众的气氛，演出更为华丽的气氛。

作为传统文化的殿堂，如果能以歌舞伎座为中心，连接从东银座到银座之间的地区，那么这里就可以像巴黎的歌剧院、米兰的斯卡拉大剧院一样，作为东京的新景点，发展成向世界传播的"庆祝和祭祀空间"。

一年中的一半时间，隈研都在海外，同时还有很多的地方业务。因为换乘频繁，寄存行李非常不便，所以隈研出差时只携带一个可以带上飞机的小行李箱。如果有需要的东西就随地采购，隈研认为这也是旅行的乐趣。隈研是旅行达人，可以在出发当天早上就很快打包好行李。

　　旅行中，隈研基本上都是独自行动。在交通工具中或者睡觉或者写稿，写稿累了就睡，睡醒了再写。隈研著作很多，特邀稿件的邀请源源不断。据隈研说在飞机上写作不会被打扰，可以更集中注意力。值得一提的是，隈研始终坚持手写稿件。

　　隈研不太会受时差的困扰。即使是长期出差，也不是只停留在一个地方，而是在多个工作现场之间巡游。日程繁忙，也就没有被困于时差的闲暇时间，但假设即便在当地一周后有约，他也会暂时返回东京。本书的采访当天，正是隈研前一天刚从伦敦返回之时。在大约两个星期内，隈研巡游了澳大利亚、土耳其、博茨瓦纳、巴黎和伦敦。虽说周游的机票会便宜些，但是要妥善安排如此密集的旅程也还是非常困难的。

　　　　隈研留给大家的印象总是黑色服装，这也是因为其适合出差。黑色的衣服每天穿着也不会厌倦，只要有一件外套，也可出席招待会等正式场合。因为黑色衣服即便是沾染了污渍也不会显眼，所以没有特意携带多件衣服的必要。

　　　　因为并不是拘泥于黑色，所以即便是同样黑色的衣服，其设计风格也不尽相同，让人感受到隈研从他父亲那里继承的时尚感。当然，服装也是隈研自己挑选的。

2019 年 7 月

隈研吾建筑都市设计事务所，青山

Q&A

采访者 · Q   隈研吾 · A

日本的传统文化 · 艺能

——从江户时代开始传承的庶民文化

Q·   时光飞逝。歌舞伎座（第五期，2013年）开业至今已经过去了六年。东银座一带的城市景观也因为新歌舞伎座而发生了很大的变化，比以前更明亮，更华丽了。

A·   谢谢您的赞誉。实际上，当时包括歌舞伎界在内的很多人士都担心我能否承担这个项目。他们认为建筑家不属于传统的世界，而是只想创新的人。

        提名由我来负责歌舞伎座设计的是当时松竹的会长永山武臣先生。据说永山武臣先生关注了我此前的工作，他提议："让隈研吾来做，如何？"

Q·   原来如此。永山会长是我的学校的前辈，我们也很亲近，他是一个非常有远见的人。

A·   谁也没想到永山会长会指名让我来负责歌舞伎座的设计，松竹的人也都惊呆了。因为不是向社会公开募集方案，而是永山先生直接指名让我来做，加之又非常突然，所以大家都会感到不安吧。

Q· 永山先生极具慧眼，是当代伯乐，他曾发现过各
种人才呢。

A· 永山先生还会亲自指示演员继承艺名的时机。听
到永山先生突然指名我来设计歌舞伎座，因为从
未和他有过任何接触，所以我也非常惊讶。

Q· 包括隈研在内，松竹以及相关领域的人士，大家
都很惊愕吧。

A· 那时，中村勘九郎（十八代中村勘三郎）也推荐我
说："给隈研做绝对没错。"
勘九郎先生和我通过熟人结识，也会一起去喝
酒，因为年龄相仿，所以对我抱有亲近感。
既然勘九郎先生也推荐我，歌舞伎界就没有人反
对了。

Q· 勘九郎先生是一个深思熟虑的人。他是歌舞伎的专家，肯定是觉得交给隈研就一定能做好的。

A· 勘九郎先生曾创立"平成中村座"，他也是一个乐于挑战新鲜事物的人，和我有很多共鸣之处。可以说我们之所以意气投合，是因为都在重视传统的同时关注挑战新事物。

虽然都不擅长，但我们也一起打高尔夫球。勘九郎先生是我的同龄人，在歌舞伎的世界中有如此耀眼的明星，我内心非常感激他。遗憾的是，勘九郎先生在新歌舞伎座建成之前去世了。他总是问我："什么时候能建好？什么时候能建好？"最期待新歌舞伎座的勘九郎先生，无法看到新歌舞伎座的落成，我感到无比悲伤。

Q·　　　　　勘九郎先生经常去四国的旧金毘罗大芝居·金丸座（こんぴら歌舞伎），他虽然是大明星，但平易近人，会很日常地去附近的商店购物和街头的人们闲聊，有很强的交流和沟通能力，非常温柔、非常有魅力。他走得太早，真是遗憾。

A·　　　　　在歌舞伎界的领域，我得到勘九郎先生的帮助，在歌舞伎以外的领域，我获得了林真理子女士的支持。那些喜欢歌舞伎的作家们也强烈地表达出不希望现在的歌舞伎座被破坏的心声："完全新建歌舞伎座真的没问题吗？"就是这样的感觉。
林真理子女士与我同龄也是我的朋友，她始终支持我，宣称如果是隈研来设计的话一定没问题。在她的努力下，歌舞伎以外的领域中反对的声音也消失了。
对我来说，极为幸运的就是在歌舞伎的世界内外都有帮助和支持我的朋友。正是这些朋友们的努力，消除了歌舞伎世界内外的人们对我的不安。

Q· 　　　　我听说新歌舞伎座的设计交给隈研后，就一直非
常期待。从五六岁开始，我的祖父母就经常带我去看歌舞伎表
演，所以我对歌舞伎很熟悉。那还是之前的歌舞伎座（第三期，
1925 — 1945）。

A· 　　　　原来如此。现在的新歌舞伎座的立面沿用了冈田
　　　　信一郎先生的第三期的设计。实际上在发表设计
　　　　方案的时候也遭遇到挫折。那时候是安藤忠雄先
　　　　生帮助了我。
　　　　当时的东京都知事石原慎太郎反对我的设计方
　　　　案。石原都知事是现代主义者，不喜欢这种有旧
　　　　屋顶的建筑。我和松竹的人多次去拜访石原都知
　　　　事，试图说服他，那时候，安藤忠雄先生成为我
　　　　坚定的后援。安藤忠雄先生和石原都知事关系很
　　　　亲密。在各种各样人们的帮助下，最终才总算完
　　　　成了新歌舞伎座的建设。

Q· 　　　那是因为隈研有与各种各样的人邂逅，有获得各种各样的朋友帮助的大德。在东京以外，隈研也从事和歌舞伎相关的项目。

A· 　　　大阪的新歌舞伎座和名古屋的御园座也是我设计的。大阪新歌舞伎座的建筑因为过于老旧，所以只能和东京的歌舞伎座一样，拆除后，以保留以前风格的方法重建。

　　　所以我与东京的歌舞伎座、名古屋的御园座、大阪的新歌舞伎座这三个歌舞伎座都关联，我也感觉这的确是不可思议的命运的邂逅。

Q·　　　　　那是因为隈研擅长与演员以及现场的人们交流，所以大家才信任隈研，愿意把设计交给隈研。

A·　　　　　坂东玉三郎先生也给了我很大帮助。虽然大家都很敬畏他，不敢亲近他，但坂东玉三郎先生和我年龄相近，对我非常友善。坂东玉三郎先生教给我很多，其中印象最深刻的是关于从后台进入舞台位置的地毯的相关知识。

因为我以为从后台进入舞台部分的地毯不重要，所以选择了普通的地毯，但玉三郎先生告诉我："这里必须用最好的地毯。"因为演员们穿着重达二三十公斤的演出服从后台出来的时候是最困难的，所以要求我将此处全部更换为柔软的地毯。

Q· 坂东玉三郎先生的建议真的是很棒。凤凰纹样的大堂地毯也非常美！

A· 那是以第四期歌舞伎座于1950年建成时拍摄的黑白照片为基础复原的。后来被更换成没有花纹的地毯。我看到了照片，被照片中凤凰纹样的地毯感动，于是决定复原。

当时，地毯是向山形缎通定制的，那是一家以手工刺绣、制作精细而闻名的企业。

Q· 在地方，工匠们精湛的技术还能得以保留，真的是很好。

A· 在地方还保留了很多呢。在东京的正中心也还有啊。我得知后也很惊讶，在歌舞伎座的后面就有制作提灯的工匠，他们制作印有演员和剧场纹样的所谓"场吊提灯"，是营造歌舞伎座浓厚氛围的重要道具。在建筑的世界里不可能有机会和制作灯笼的工匠交流，我从提灯工匠那里学到了很多。

Q· 正是这些人在支持着歌舞伎座。

日本各地还保留着很多古老的戏院、舞台，隈研曾经见过哪些呢？

A· 刚才提到的四国的旧金毘罗大芝居·金丸座和爱媛的内子座等，令人感到意外的是在全国各地都还保存着很多古老的戏院、舞台。我觉得那些保留着这种大众文化的地方非常有趣。

比如我在高知县梼原町参与的"梼原座"，就是能与被认定为国家重要文化财产的金丸座相匹敌的有趣的建筑。

Q· 地方也有日常享受戏剧的文化，而且那些剧场也曾是当地的社交场所。

A· 我至今还不能遗忘见到"梼原座"的那一刻。那样细腻精致的木制建筑还能残留在大山之中，简直就是奇迹。然后，我意识到建筑还应该有这样的发展方向。这也形成新国立竞技场的设计灵感。即便是巨大的建筑，日本人也能精妙地利用细小的木材组合而成，这是日本人特别厉害的地方。

Q·　　　　还是细小的木材能表现日本人的细腻和情趣。不仅仅是建造过程，拆除以及更换部件的时候也很方便呢。

A·　　　　是的。使用细小的木材也就意味着可以不用砍伐森林里那些高大的树木。即便是用间伐材也能建造大型建筑，这是重视环境保护的日本人的智慧。

Q·　　　　隈研曾说过，爱媛县大洲市的"卧龙山庄"汇集了工匠的精华。那是明治时代当地富商建造的数寄屋造别墅，拉手、钉子等细节极为讲究。

A·　　　　爱媛县的出版社要出版一本关于"卧龙山庄"的书，邀请我去考察、评论。虽然道路艰辛，但直觉告诉我一定要去。实际见到后感觉，果然没有辜负我的期待，真的是极为优秀的建筑。

Q· 据说在战后，如何维护成了大问题。存亡之际，黑川纪章先生考察后给予其极高的评价，以此为契机，"卧龙山庄"终于得以保存。

A· 在某些现代主义建筑家的认知中，"卧龙山庄"只是媚俗而已。但那是因为他们只能基于非常狭窄的视野设计现代主义建筑，而我认为"卧龙山庄"那些外侧的东西是非常有趣的。

Q· 在那之后，黑川先生在爱媛县松山市的道后温泉建造了有能舞台和茶室的酒店。但早在明治时代就已经存在如此不凡的建筑了。

A· 明治文化的丰富性非常了得。

Q· 当时工匠的技术非常精湛。

A· 我认为，不仅限于工匠，同时业主也非常优秀。
绝不仅仅因为财力，正是在有教养的业主和有技
术的工匠的共同努力下，才得以完成如此精彩的
建筑。

Q· 上野池之端的岩崎邸(和馆)中钉子的使用、雕
金、金工也都非常讲究。我觉得明治时代工匠的技艺真是精
湛。那些动物栩栩如生好像马上就会跃动起来，真的是好奇那
些工匠是怎么做到的呢。此外，巴黎世博会上展出的精湛的陶
艺和金工等，也都不是一般的工匠可以做出来的。

A· 日本的建筑史从未讨论过那个时代日本的丰富
性，从千利休建造的茶室"待庵"突然就跳至现代
主义建筑，其间完全是一片空白。
但是真正精彩的还是明治时代的木结构建筑。技
术上，明治时代也是最高峰。
明治时代的技术远超江户时代，那是因为在某种
程度上，明治时代在巧妙地引进西方文化和技术
的同时进一步发展，为此才使得明治时代的木造
技术达到了顶点。

Q·　　　　因为日本人的双手极为灵巧，且稍作观察就可以获得灵感，然后在其基础上制造出更精巧的东西。即使经济上不宽裕，也可以通过观察获得灵感，从而创造更好的东西，这种高超的技术是日本得以发展的基础。

A·　　　　我想，精诚合作的团队力量是其背景。日本工匠的优秀之处，并不在于某一个天才，而是建立在团队整体切磋、琢磨的基础之上。

Q·　　　　"卧龙山庄"也是以当地工匠为中心，从京都邀请漆工、金工、木雕工匠，从神户邀请门窗工匠以及园丁，大家共同建造的。
各地的能工巧匠聚集在一起，互相切磋、合作。最后由领头的"栋梁"整体把握、实施。

A·　　　　"栋梁"必须兼具一定程度的严厉和包容力，才能继承和保存日本的技术。我也是以其为目标，进行实践的。

Q· 　　　　隈研的魅力，不仅限于您的实力，还包括容人之量。

我见过很多隈研的助手，都是满怀热情投入工作的优秀的人才。我认为，也正是因为您有和工匠认真对话的宽广心胸和包容力，所以才能取得今日的成就。

A· 　　　　您过奖了。

在日本的近代建筑史中，首先是丹下健三先生，其次是矶崎新先生和黑川纪章先生。但是我觉得，之前还应该有吉田五十八先生和村野藤吾先生，他们的建筑非常有趣，我非常喜欢。

但在正统的认知中，他们并没有获得应有的评价。比如，很多人甚至轻蔑地认为："吉田五十八不就是个长歌的老师么。"

但是，吉田五十八先生和村野藤吾先生两人的建筑有压倒性的存在感，无论是材料的使用还是其他，与所谓的现代主义建筑有着完全不同的深度。我反而觉得吉田五十八先生和村野藤吾先生的建筑才是通用于全世界的。

Q ·　　　　据说吉田五十八先生是个非常纯粹的人。您刚才
提到的两位先生都出生于明治20年代。而丹下先生则是生于
大正之初，也体验过明治时代，这应该就是他从事建筑的背景
吧。而吉田五十八先生和村野藤吾先生两人都和歌舞伎座的工
作有关。

A ·　　　　是的。东京的歌舞伎座是吉田五十八先生，大阪
　　　　　　的新歌舞伎座是村野藤吾先生设计的。我做梦也
　　　　　　没想到我会重建两位我尊敬的建筑家设计的歌舞
　　　　　　伎座。这是上苍安排的命运吧。

Q· 　　　　果然如此。隈研一直都有非常好的邂逅。我认为
这是隈研的运气。

A· 　　　　的确，我是有这样的运气。
　　　　我的朋友曾经购买吉田五十八先生位于神奈川
　　　　县二宫町的住宅，邀请我去参观。我完全被吉田
　　　　五十八先生设计的优美的建筑震撼到了。
　　　　因为建于战争期间（建于1944年），所以受建筑
　　　　面积不能超过100平方米（30坪）的限制。虽然其
　　　　后曾经过扩建，但其面积还是不大。庭院和地板
　　　　非常接近。小溪在庭院中流淌。据说这是吉田
　　　　五十八先生设计的大阪皇家酒店大堂中小溪的
　　　　原型。

Q· 　　　　和西方的花园不同，日本的建筑和庭院的关系反
映了天人合一的宇宙观念。

A· 　　　　是的。我觉得那正是奢侈的极致。所谓奢侈和大
　　　　小无关，只和质量有关。包含和庭园的关系在
　　　　内，我在吉田五十八先生设计的住宅中强烈感受
　　　　到这些。

Q·　　　　如果不是那个朋友，您就无法亲眼见到吉田五十八先生的住宅。

A·　　　　是这样的。当时很多人都想购买吉田五十八先生的住宅。我朋友去拜访遗孀商谈购买房屋事宜，进门后先祭拜了家中的佛坛。为此，遗孀决定将房子卖给他。我朋友是由祖母抚养大的，从小就被教育去别人家时候要先祭拜佛坛，所以对我的朋友来说，那其实只是非常普通的事情而已。

Q·　　　　隈研也一样吧。您每天早上都会和家人一起祭拜佛坛。

A·　　　　我父亲出生于明治42年，对我父亲那一代人来说，每天祭拜佛坛是非常日常的事情。但我朋友的父母不是那个世代的。他年轻时候每天一边向佛坛双手合十，一边心想：为什么只有我家人要这样做呢。

Q· 我也是被祖父母抚养大的，所以很理解这些生活习惯。看样子，您父亲对您的影响很大。

A· 当然。虽然我也有过很多反抗。我想，他一直有从事建筑或设计工作的梦想。

Q· 您父亲住在日本桥的时候，正是三越百货、在银座的和光百货建成，还有关东大地震的时期。一般从年龄上说已经属于祖父辈的时代。而隈研是直接从父亲口中听到了那个时代的珍贵的回忆吧。

A· 可能是因为太残酷，我父亲几乎没有谈及过关东大地震的事情。
我父亲在现在日本桥的"泰明轩"附近的瓷器店长大。父亲曾说，当时日本桥的三越是要脱鞋才能进去的。听说吴服店时代还都是榻榻米。难道连田实女士也不知道这些逸话？

Q· 　　　　我是祖父母抚养长大的，他们比隈研的父亲稍早一代。祖父母总带我去各种地方，告诉我各种过去的事情。所以在这方面，我也和隈研有很多共鸣。

A· 　　　　据说在当时的三越，要把客人在入口处脱下的鞋子搬运到出口处摆好。有专人搬运客人的鞋子，那些人还和孩子们为搬运鞋子而竞争。

Q· 　　　　日本桥三越总店的改建也是隈研设计的。这也是难得的缘分。我也参加了开业仪式，一楼巨大的柱子周围的白色装饰非常美。

A· 　　　　三越总店改建的时候，我给三越的职员们讲述我父亲告诉我的那些三越往事，他们都非常开心。对我父亲来说，日本桥的三越是圣地。所以生活改善后，就要在三越定制衣服。

Q· 据说您父亲也经常定制衬衫。

A· 父亲教会我关于面料、领子的形状、领子尖端的角度等定制衬衣的方法。

Q· 衬衫领子的形状等非常影响人的形象呢。

A· 我父亲非常执着于面料。支数和褶皱方法不同，衬衫的感觉完全不一样。

Q· 您现在活用这种执着于建筑设计之中。

A· 嗯，重要的是建筑设计也是完全一样的。
如何确定角度，如何定制，如果失败后该怎么办，我父亲手把手教给我的那些，形成我的基础。
虽然那是初中时候的事情，但那时候的经验现在还影响着我。我做家具等东西的时候，一个一个如何订货等，这些就是在跟随父亲一起定制衬衫时学到的。

103

Q. 　　　这真的是精英教育呢。

A. 　　　确实可以说是一种精英教育吧。

Q. 　　　我也从祖父母那里学到了很多。祖父母会带我去古董店或歌舞伎座。对于隈研来说，则是您的父亲教给您这些。

A. 　　　父辈那一代的生活，的确是有从江户时代开始延续的文化的背景。而这些也切实传承下来了。

Q. 　　　江户时代是平民文化繁荣的时代。比如流行的浮世绘、歌舞伎的演员画等。隈研最喜欢的画师是歌川广重？

A. 　　　当然我非常喜欢歌川广重，他也和弗兰克·劳埃德·赖特有关。不过，我觉得最有趣的还是河锅晓斋。

Q.   河锅晓斋是活跃于江户末期至明治时代的画师。

A.   现代主义者也能理解歌川广重。河锅晓斋则完全不同。他属于被现代主义所忽视的那些艺术家。河锅晓斋的艺术是即兴的，他以惊人的气势不断描绘眼前的风景和人，他的艺术在世界上也没有他例。

Q.   设计鹿鸣馆的乔赛亚·康德也曾师从河锅晓斋。

A.   乔赛亚·康德是东京大学建筑系最初招聘、雇用的外国人，他是非常有趣的人。明治政府希望乔赛亚·康德能给日本带来西洋最先进的技术，但是从某种意义上来说乔赛亚·康德是当时的嬉皮士，他师事河锅晓斋，和日本舞的师傅恋爱生子，他喜欢的是日本的另一面。

Q· 乔赛亚·康德是和舞蹈师傅结婚的吧。

A· 是的。明治政府期望的和乔赛亚·康德想做的完全不同，结果，乔赛亚·康德很快就辞去了东大的工作。

乔赛亚·康德崇拜的河锅晓斋自然有其优秀之处。据说两人的关系非常亲密，河锅晓斋还给乔赛亚·康德起了"晓英"之号，意喻乔赛亚·康德是英国的晓斋。

Q· 乔赛亚·康德也受到了日本主义的影响呢。

A· 乔赛亚·康德的老师是热衷于中世纪的英国的威廉·莫里斯的伙伴。

威廉·莫里斯是以工业革命前古老而美好的英国为理想的人物，其思想最终形成"工艺美术运动"在世界范围内产生了巨大的影响。

受到威廉·莫里斯影响的乔赛亚·康德向往日本，但是实际抵达日本后发现，日本人对他的要求和他的个人喜好完全不同。无论是日本政府，还是作为客户的岩崎家和三井家，他们要求的都是外观豪华绚烂的宅邸。而乔赛亚·康德所喜爱的日本生活完全不被允许。对于乔赛亚·康德而言，这是一种被撕裂的人生。

Q· 乔赛亚·康德设计的高轮的"三菱开东阁"（旧·岩崎弥之助邸）、三田的"纲町三井俱乐部"（旧·三井家俱乐部）等都是西洋建筑。
喜欢日本文化的乔赛亚·康德也倾心于花道，他撰写了《美丽的日本插花（美しい日本のいけばな）》向欧美介绍日本的插花艺术。

A· 原来如此。

Q· 西方的花艺受到日本插花艺术的很大影响。
现在世界知名的花艺家丹尼尔·奥斯特也受到了日本插花艺术的极大影响。隈研在日本桥三越改建后的开业仪式（2018年10月）上和他有合作呢。

A· 是这样的。

Q·　　　　正如隈研所说，无论是浮世绘、花道，还是歌舞伎、茶道，作为日本人应该更明确地意识到，日本的传统文化和艺能对世界产生了巨大的影响。

A·　　　　是的。进一步说，木制技术、金属雕刻、陶艺、漆器、染织等工艺技术也对世界产生了影响。

第二章

与传统文化·人·素材的邂逅

向赖特和广重的致敬 〔栃木·那珂川町〕

东北的"森舞台"大获成功后，隈研又在栃木县设计了表现自然意识的"马头广重美术馆"。位于珂川町的"马头广重美术馆"，是收藏、展示江户时代的画家歌川广重作品的美术馆。马头广重美术馆更强调建筑与后山森林的关系，可以说是确立"负建筑"设计思想的作品，其后成为隈建筑象征的栅格是该建筑的重要主题。

设计了帝国酒店的弗兰克·劳埃德·赖特是影响隈研的建筑家之一。赖特曾声称，如果没有广重和冈仓天心就没有他的成就。对于隈研而言，收到广重美术馆的设计委托是极为有意义的。

1995年（平成7年）的阪神·淡路大地震是建设广重美术馆的契机。在毁于震灾的神户的青木家族仓库的瓦砾中，发现了企业家青木藤作于明治时代收集的80幅广重真迹。这些珍贵的绘画由他的孙子青木久子全部捐给了马头町。广重美术馆就是为收藏这些珍贵的画作而建。

在参加建筑设计方案竞赛到现场考察时，隈研注意到了位于建设地一角的旧专卖公司的木制烟草仓库。后山山林的风情与仓库外墙风化的杉木板共同营造出一种难以言喻的氛围。他被那山林中空气的质感和杉树林中斑驳的阳光所吸引。无数笔直伸展向天空的杉树相互重叠，形成层层叠叠的空间分割，隈研考虑将这种森林的感觉移植入建筑中。

广重的名作《大桥安宅骤雨》（名所江户百景）和《庄野白雨》（东海道五舍三次）中以直线表现的风雨，在二维空间中营造出层次丰富的深度空间。全面覆盖了广重美术馆屋顶和墙壁的，如广重画作中风雨一般的木制栅格，就是用建筑对广重绘画技巧的再现。

要将杉木表现得如广重画作中的风雨线条一般纤细、羸弱，从这样具体的空间形象开始，隈研着手设计方案。但是，利用后山杉木建造如广重画作中的风雨般的建筑时，木材如何防火成为重要的课题。因为日本的建筑基准法中明确规定"屋顶须用不可燃材料制成"，所以可燃的杉木材不可能用于屋顶。宇都宫大学的安藤实先生长年从事不可燃杉木的研究，他发现可以利用远红外线使杉木加工为不可燃材料的方法，隈研决定以其为突破点。安藤先生多年的研究和隈研的目标，完全重合在一起。

虽然日程极为紧张，但在建筑中心进行的燃烧实验表明，安藤先生的不可燃杉木材加工处理技术是成功的，广重美术馆得以按照隈研的设计方案如期施工。广重美术馆是长屋样式的平房，为衬托森林，其建筑高度极低，屋檐高仅为2.4米。而相对于此，屋檐的伸出长达3.6米。墙壁隐藏在突出的屋檐的阴影下，只有悬山顶样式的大屋顶和平坦的屋檐线映入观者的眼帘。如风雨般的木栅格形成的渐变中，建筑完全融于其背景的森林，成为自然的一部分。

为使建筑与后山的森林更为融合，建筑上还留有开口。开口如通往深山古寺的神道，又如神社前的鸟居。这种设计引导参观者面向后山的森林和神社进入美术馆内。广重美术馆的设计中利用日本传统的借景方法，激发出这片土地的魅力，隈研的独创性灵感，使得建筑完全融于环境。

广重美术馆内部为三层结构。最外侧是30毫米 × 60毫米正方形杉木栅格，其内侧排列着用和纸包裹的杉木栅格，最内侧是利用当地工匠制作的和纸和照明营造的朦胧的光墙，宛如多色多版印刷的浮世绘，这是用建筑表现广重作品中独特的多层结构空间的设计方法。自然素材散发的柔和气息包裹了整个空间。广重美术馆的设计极为细腻且日常维护有一定难度，但也正因如此，才表现出"珍惜"这一日本文化的特质，同时这也是"负建筑"的精髓。

广重美术馆于2001年获得村野藤吾奖，还获得"自然精神"国际木建筑奖。

在海外获得高度评价的石建筑 〔栃木·那须〕

在以石质建筑而闻名的意大利维罗纳获得"国际石质建筑奖(International Stone Architecture Award)"的"石美术馆(Stone Plaza)"，成为隈研活跃于欧洲建筑舞台的契机。

我曾为观看歌剧《阿伊达》的首演去维罗纳，街上拥挤着衣着华丽、喧嚣的人群。露天歌剧院位于郊外，是以19世纪以前的砌体结构法建造的古老的石质角斗场。

现在的日本因为很难获得石材，所以往往不得不将大理石装饰板贴在混凝土上模拟石质建筑。接到设计"石美术馆"的邀请，虽然不是很感兴趣，但隈研还是去那须盐原进行了实地考察。"石美术馆"的委托人白井信雄是当地的石材销售商，出售当地山中采集的芦野石（安山岩），以制作建材和墓碑。

原有的建筑是以芦野石堆建的几乎废弃的大米贮藏仓库。虽然石制仓库别有风情，但芦野石朴实无华并无任何特点。

虽然察看完现场没有闪现任何创意，但是白井信雄所说的"虽然没有预算，但不管什么都可以交给我们的工匠。再麻烦的工作我们也不怕"，这句话深深打动了隈研。如果是在东京和建筑公司合作的话，绝大多数工作的预算和日程都是极为紧张的。

石美术馆虽然没有预算，但是有充分的时间用于画图和施工，工期也没有限制，更可以和工匠一起随心所欲地合作、表达。隈研觉得如果这样的话，也可能会做出什么有趣的事情。隈研独特的创意又闪现了。实际上，从开始计划六年，施工开始四年后，石美术馆才得以建成。

隈研没有采用今日流行的用混凝土制作高强度框架再在其上粘贴石质薄板的这种流于表面的方法，而采用了原始的砌体结构的施工方法。隈研从堆积起来的石质厚壁中抽取其1/3的石块，建成了可以看到对面的通透的墙壁。因为隈研知道，2/3的石材组成的墙壁的强度足以支撑石质建筑的整体结构。这样，厚重的石质墙壁表现出轻盈的感觉，柔和的光线和清爽的风得以从孔洞中自由流入室内。

尽量不使用空调设备、也不堵塞石墙的孔洞，无论如何都需要堵住的部分，则用切成六毫米厚度的大理石废料碎片粘贴。透过大理石薄片射入室内的光，如日本传统的白色拉门透出的光线一般柔和，营造出如古罗马浴室一般的细节效果。隈研进一步挑战更为通透的石质墙壁，向工匠们提出制作石头格子的要求，工匠们也赞成这一提案，最终用细棒状的石头完成了石头格子。

隈研绝妙地利用了大正时代建造的三个石建大米仓库，将通透的石墙插入厚重的建筑中，使得"旧"与"新"完全融合在一起。旧仓库和通透的石墙的素材都是芦野石，所以整体以从古老到崭新，从沉重到轻盈，从灰暗到明亮的渐变连接在一起。整体建筑体现出从强烈的反差到温和的渐变，委托人非常满意，这是只用免费的石材和工匠完成的壮举。

从石美术馆步行就可以到达的"那须历史探访馆"中也使用了芦野石。那是以稻草为主题的建筑，从此也可以感受到隈研向各种自然素材的挑战。隈研自称"广重美术馆""石头美术馆"和"那须历史探访馆"是"栃木三部曲"。在这三个作品中，隈研深入探讨了素材所具有的特性、魅力以及其用于建筑时的趣味性。

现代主义建筑作为"国际主义风格"成为席卷全球的建筑风格，而给予现代主义建筑以巨大影响的是美国建筑家弗兰克·劳埃德·赖特。1910年前后在德国出版的赖特作品集，极大地刺激了欧洲建筑家。

1985年（昭和60年），作为哥伦比亚大学的客座研究员，隈研赴美。那年，隈研30岁。隈研曾研究过20世纪20年代的美国建筑，赴美期间，探访了弗兰克·劳埃德·赖特的所有作品。在纽约，有弗兰克·劳埃德·赖特晚年的代表作"古根海姆美术馆"（1959年）；宾夕法尼亚州则有弗兰克·劳埃德·赖特设计的世界上最有名的住宅之

一 "落水山庄"（1936年），那是一座建在瀑布上，借景于周边自然环境的浮世绘一般的建筑。

广重和北斋的浮世绘以及日本的建筑给了弗兰克·劳埃德·赖特各种灵感。这又刺激了欧洲的勒·柯布西耶和路德维希·密斯·凡德罗，发展出现代主义建筑，从而改变了全世界建筑的面貌。隈研指出，战后对日本的建筑产生巨大影响的现代主义建筑的原点在日本的文化，日本人应该为此感到骄傲和自豪。

弗兰克·劳埃德·赖特在20世纪初的美国因低矮的、强调水平直线的"草原风格"受到关注。"草原风格"的住宅内部不用墙壁细分，不但创造出一个整体的宽敞且自由的空间，且通过增加窗户数量实现建筑内部与外部空间的连接，正体现出现代主义建筑所讴歌的自由空间。

弗兰克·劳埃德·赖特"草原风格"的灵感来自日本的浮世绘。就职于芝加哥的建筑设计室时，弗兰克·劳埃德·赖特就是浮世绘的收藏家和中间商。弗兰克·劳埃德·赖特从广重和北斋的画作中察觉到自然与建筑的整体感和多层空间，并将之应用于建筑之中。

在1893年芝加哥世界博览会上，弗兰克·劳埃德·赖特实际接触到了模仿宇治平等院凤凰堂的日本馆，日本工匠精湛的技艺给他留下了深刻的印象。1905年（明治38年），弗兰克·劳埃德·赖特造访日本，巡游、参观日光东照宫等各地的建筑，进一步吸收了日本的建筑风格。被视为草原风格代表作的罗比住宅就完成于1906年。在那之后，为设计帝国酒店新馆，弗兰克·劳埃德·赖特于1913年（大正2年）再度造访日本，其后，又数次来日，在各地留下了他设计的建筑作品。

设计帝国酒店新馆时，弗兰克·劳埃德·赖特使用了大谷石。据说，相比坚固的大理石，大谷石的材质较脆弱。而弗兰克·劳埃德·赖特认为那种柔弱就是日本的感觉。我在印度尼西亚巴厘岛看到印度教寺庙时，直观地联想起帝国酒店新馆的大门。弗兰克·劳埃德·赖特一定是看到过这座寺院。从旅行中得到灵感，获得独创的构

想，在这一点上，弗兰克·劳埃德·赖特和隈研
是共通的。

日本各个地区都生产非常好的和纸。这些和纸不但可以用于地毯、屏风，在现代建筑的灯光中也有广泛的应用。日本传统的扇子、团扇等不但是装饰品还是重要的交流沟通工具。我也喜欢和纸制作的名片，外国朋友们也对我的名片表现出浓厚的兴趣。

新潟县柏崎市高柳町的"阳之乐屋"与"栃木三部曲"同样完成于2000年。"阳之乐屋"中的主角是和纸。虽然隈研在"广重美术馆"中也部分使用了和纸，但在"阳之乐屋"中则用于整个建筑，和纸所特有的温暖和柔软的感性成为建筑的特征。

124

限研使用当地名人小林康生先生制作的和纸，粘贴于"阳之乐屋"的天花板、柱子、墙壁、地板等所及之处。高柳町门出地区以大雪闻名，和纸制作是当地农家代代相承的副业。他们栽种作为和纸原料的构树，在下雪之前收割，皑皑白雪覆盖大地的冬日，埋头于手工劳作精心抄纸。小林先生的"越后门出和纸"就是继承造纸文化和技术的当地特产。

正如"阳之乐屋"之名，夜晚，灯光透过门出和纸的墙壁洒向幽暗的空间，晶莹剔透的建筑如雪洞灯一般飘浮在空中。"阳之乐屋"紧临稻田，建筑宛如漂浮在水面一般。入口处还设计了莲花绽放的池塘，建筑洒出的柔和的光映照在水面，营造出梦幻的氛围。

我想起我和兼高薰女士以及学校的10多位友人去参观东北夜祭的情景。被誉为青森三大行事的"弘前睡魔祭""青森睡魔祭""五所川原立佞武多祭"中都使用结实的和纸。虽然是自然素材，但和纸的防水效果很好，用漆加工则可以进一步提高强度。我曾参观过和纸的制作现场，被支撑日本传统文化的工匠们精湛的技术和艺术性，以及其专注于工作的热情所感动。我参观过青森三大行事，那些飘浮在东北夏日夜空中的和纸制作的艺术作品，真的是令人感动。

和纸不仅不易破，还可以营造柔和的氛围，从雪洞灯温暖的烛台渗出的难以言喻的凄美的光线，表现出日本独特的美。曾经为大仓饭店设计室内装饰的荒木光子女士认为，面向外国人的饭店，就必须更讲究"和"的气息。荒木光子女士不但在拉门和照明用等处使用和纸，布料也选用京都龙村美术织物的产品。兰花厅中麻叶纹样的花窗就是日本传统的工艺。

自古以来，麻叶纹样在日本就用于婴儿的产衣。麻叶纹样的设计中饱含了父母的爱情，期望孩子如麻叶一样，在任何荒地都能挺直茁壮地生长。歌舞伎中助六的服装也用和纸，意外地结实。我的名片用福井县产的越前和纸，这种和纸以前用于公文等，也因横山大观、下村观山、小杉放庵、平山郁夫、千住博等名人的偏爱而为世人所知。

"阳之乐屋"是一个麻雀虽小五脏俱全的茅草屋顶的集会设施。它建于被稻田围绕的茅草房屋形成的环状村落的一角，自然地融入周围的房屋之中，其设计特点是尝试使用玻璃材料普及前的日本传统建筑的手法。建筑内外只用障子隔开，和纸用贴在花窗两面的所谓"太鼓贴"方法，提高了保温性。隈研尽可能不用玻璃，和纸不仅用于门、隔扇等，还贴满地板、墙壁等几乎建筑的整个表面。为增加防水性和耐久性，和纸表面涂以蒟蒻和柿漆，进一步增强了和纸的强度。屋檐很深，在和纸墙壁的外侧安装了栅格状的可动门，以保护建筑物免受暴雪损坏。

砖坯建造的佛像收藏设施〔山口·下关丰浦〕

隈研巡游地方，在各地邂逅当地的自然素材，并用于建筑中。在山口县的丰浦，隈研邂逅以不可思议的结构法建造的仓库，以此为契机，他发现了砖坯的魅力。

日本的仓库通常是在木制框架施加以泥土建成，但这个仓库则是土块堆叠而成。这与隈研研究生时代调查的非洲沙漠居民和游牧民在建筑中所使用的方法相类似。具体而言，是在用水搅拌后的泥土中加入小树枝和稻草等纤维，待其干燥后堆积起来的结构法。

隈研利用这种方法，用当地土壤制成的砖坯建造

了 "安养寺木造阿弥陀如来坐像收藏设施"（2004
年）。砖坯是在当地泥水匠的帮助下，以传统的
工法制造的。

因为砖坯有调湿功能，所以建筑中无需安装空调
设备。砖坯与砖坯之间的空隙还具有调节照明和
通风的作用。"安养寺木造阿弥陀如来坐像收藏
设施"中收藏的平安时期的木制佛像是国家指定
重要文化财产，必须经过文化厅严格的审查。隈
研为此提交了调温和湿度的模拟数据报告，获得
了批准。

得知隈研的作品在中国获奖，我和数名友人火速飞往北京参加在北京钓鱼台举行的庆祝宴会。

在北京获奖的建筑是建设在长城脚下的竹屋（因北京奥运会张艺谋的广告海报而闻名），这是隈研的建筑设计被世界认可的契机。

某日，隈研忽然接到来自北京大学一位教授的电话，该教授策划在不允许建设高尔夫球场的丘陵地带，让亚洲的12名年轻建筑师随心所欲地设计自己喜欢的建筑，特意邀请隈研参加。

在隈研看来，因审美差异，以及对中国现在的建筑热潮的疑问，开始并不十分感兴趣。

但是，到底是谁会居住在那样荒凉的丘陵地带呢？隈研一方面抱有这样的疑问，一方面也想为中国的建筑业界带去新的风气，最终决定参与这个项目。隈研提交的设计方案前所未闻，他决定沿着高低起伏的丘陵地带的地面建造"竹屋"。

竹材价格低廉，易于获得，可以极大地降低建造费用。原本在中国建造高层建筑时使用的脚手架就是用竹子制成的。那更应该在中国的建筑中使用竹子。隈研认为，不平整土地，而是配合丘陵地带的高低起伏建造"负建筑"，才是符合万里长城的建筑样式。所幸，北京方面也对隈研的方案很感兴趣。

与日本不同，中国的竹材是在经过热处理、浸油后使用，也不施以颜色，这在日本可能被视为不合格、无法使用的材料。此外，虽然比其他建筑师使用的现代材料，竹材更为便宜，但以后的日常维护会耗费人力物力。

来自印尼的交换留学生普迪自愿留在北京检查所有的建设过程。因为，在绝大多数情况下，仅仅通过图纸和创意很难传达设计的精髓（特别是在国外更是如此）。普迪住在500日元一晚的便宜旅馆中，每天坐公交车往返于施工现场。

普迪的热情逐渐感染了施工现场的人们，也获得了理解和认可。我相信，其他团队中应该没有人如此深度地参与到现场施工中。普迪投入的热情反映在施工现场。在长城项目中，没有如此深度参与施工的设计方工作人员。

普迪自始至终都满腔热情，直至项目完工。而普迪自己也在这一年的现场工作中学到了很多。我想，信任普迪，将一年的工程完全交给普迪从而保证项目顺利完工，也反映出隈研宽广的心胸。

普迪返回印度尼西亚后，接手了巴厘岛的几家酒店的设计。他尝试用聚甲基丙烯酸甲酯和竹子的组合，不断进行新的挑战。

长城脚下的公社"竹屋"成为其后隈研在中国大

显身手的契机，也是他在海外设计的第一个 "负建筑"，是极有纪念意义的作品。

与新素材「瓜多竹」的邂逅 〔熊本〕

在中国邂逅"竹"后，隈研不断追求竹子作为建筑素材的魅力和特性，从而又邂逅了不会破裂的"瓜多竹"。

因为干燥后的竹子会开裂，所以必须在其内部填充混凝土或金属材质进行补强。如果有不开裂的竹子则意味着其可以直接用于房屋的柱子或梁，那么，就可以像木制建筑一样建造竹制建筑。

"瓜多竹"产自南美的哥伦比亚高地和危地马拉等地，不仅不会开裂，而且壁厚，其强度是亚洲竹子的一倍以上，介于竹和铁之间。

恰好这时，隈研接到熊本滨田酱油仓库（国家登录有形文化财产）增建和保护的业务委托。

滨田酱油是成立于江户时代的老字号，其仓库和工场建筑历史可以追溯到明治初期。隈研思考何种材料才能完美契合于那灰泥制作的厚重墙壁，虽然也可以使用现代的玻璃材料，但最终隈研还是觉得，只有"竹"才适合散发着浓郁香味的酱油。竹材所拥有的温柔轻盈、东方情调、清凉感，与厚重的灰泥建筑酱油仓库和浓郁的香气三位一体，一定会营造出一种特殊的氛围。

为了与渗入了浓厚酱油气味的仓库相吻合，隈研的脑海中忽然闪现，应该可以在建筑素材中使用"瓜多竹"。

但是，实际拿到"瓜多竹"后，隈研发现了新的问题。"瓜多竹"比想象中更为厚实粗壮，无法直接使用，经种种思考后，隈研决定将其劈裂为纤细的竹材后再使用。

劈裂后使用的细竹可能更符合酱油仓库的气质，

虽然实际操作的难度很大，但直觉告诉隈研这样可以更好地营造氛围。

用劈裂后的细竹编织的筐子状的结构是否可以支撑建筑？何种编织方法更为合适？隈研进行了种种尝试。龟甲形花纹那种有规律的编织方法行不通，于是隈研想到了随机编织的"无秩序编"的方法。虽然编织方法和尺寸不一致，而且完成后筐子状的结构整体可能表现出扭曲感，但隈研感觉这样反而可以取得某种平衡。

遇到高难度问题的时候，隈研总能想到自己独特的创意。

重复过去总是最简单的，但隈研的主张是，重复过去无法获得感动。

面对新的问题需要提出新的解决方案。这也是探寻从未尝试过的解答方案的机会。隈研设计构思的原点总是如此产生。

现在，隈研的工作遍及20多个国家和地区，在超级密集的工作日程中，他奔波于世界各地。我是空间设计总监，工作重心是室内设计，同时也隶属于日本旅行作家协会，因公因私都经常出国，最近，接触世界各地的隈建筑的机会增加了。

中国北京的"竹屋"建成之后，隈建筑开始遍布世界各国和地区。加之近年来世界范围内"日本热"的推动，在欧美，特别是欧洲各国都有隈研设计的建筑，如，法国、意大利、英国、瑞士、德国、丹麦、西班牙等，其中，最多的还是法国。在法国，隈研最初设计的是日本茶和紫菜专卖店"寿月堂"（2008年）的内装。"寿月堂"是创业于江户末期的老字号在巴黎塞纳路开设的店铺，隈研为其设计了以竹为主题的内装方案。隈研称他要在店铺内营造竹林一样的空间，他将不同长度的竹子摆放在20厘米间距的网格上，悬挂在天花板上。

隈研的设计方案立足于客户所提倡的"基于茶禅精神，将日本茶之美推向世界"的方针。洁净无垢的日本扁柏制木板置于空间中央，在此为顾客提供茶点。隈研希望顾客能在日本扁柏制木板上品尝日本的"自然"。隈研创造了一个让人遗忘自己身处巴黎市中心的"日本的空间"。隈研曾在栃木的"石美术馆"中设计石建茶室，他在巴黎的"寿月堂"地下也建造了石头茶室。2013年在东银座歌舞伎座开设的"寿月堂"分店，也是由隈研设计的。

对于隈研而言，竹材是他事业腾飞的契机。中国北京的"竹屋"震惊了世界。隈研从小就感觉，竹林中流淌的是与日常不同的空气，斑驳洒下的是别样的阳光。这是源于他小时候在后山的竹林中玩耍中的亲身感受的进一步发展。

村落周边竹林的玩耍中所领悟的 〔横滨·大仓山〕

隈研说，建筑是场所的产物，他也是场所的产物。而建筑就是场所和人之间的接点及媒介，为此，必须重视场所（自然·环境）。设计的范畴绝不仅限于建筑和室内，而必须是考量其所在场所的整体设计。这种设计思考的原点，源于隈研小时候在后山的体验。

放学后，即便是晴天，隈研也会换上长靴，一边感觉大地的触感一边在后山玩耍。不知为何，他喜欢黄色的长靴，而且喜欢赤足穿长靴。

特别是冲上后山竹林斜坡时触感非常明显，或许是长靴承担了与场所之间的媒介作用，在抓住竹子攀爬没有道路的斜面时，地面的触感直接传递至赤足上。

在竹林里，隈研感受到与森林不同的气味、光芒和声音。这种体验后来也被他活用于使用竹材的设计中。与其说隈研是将竹子作为素材使用，不如说他更想表现竹林的氛围。

隈研家后山的森林不是自然林，而是有人管理的人工林。落叶变成堆肥，砍伐的树木变成木柴、木炭，变成种香菇的植木。其中竹子的用途更多，不仅用于燃料，还可以加工成竹竿、篮子等工具。当然，庆祝新年时的装饰也是竹子制成的，竹笋更是美味的食物。

在没有电和天然气的时代，大山就是生活在其中的人们的生命线。房屋的建筑材料也来自山林，经过更换、维修受损的部分，历经数代维持而来。房屋当然也不是独立的，而是与周围的环境相互关联，世代永续。

就如这大山中的民居一样，场所、建筑和人形成一种循环系统，相互作用，而这在今后的时代也应成为一个重要的生活模式。

20世纪50年代前后的东京周边，还曾有过这样的地方。隈研说，在后山的玩耍成就了自己。从孩提时代起，他就培养出丰富的感性。那些在学校学不到、教不了的东西，存在于大自然中的玩耍之中。隈研获得的那些既可以说是生活的智慧，也是从上古传承而来的技能和经验。在自然的玩耍中感受的心旷神怡，那些刻在身体中的当时的感觉，在今日，隈研将其体现在使用木材、竹材等素材的建筑中。

有缘的场所之再设计 〔日本桥·赤坂〕

隈研和我的活动区域相仿，共同场所和人士的接点也很多。在生于明治时代的父亲影响下，隈研从小就受到日本传统文化和礼仪的熏陶，而我幼年时期，也在祖父带领下探访神社、佛寺，学习了传统文化、能、歌舞伎、古董等知识。无论是对隈研还是我来说，日本桥三越总店都是饱含了特别的回忆的场所。

2016年（平成28年）日本桥三越总店被认定为国家重要文化财产，2018年（平成30年），隈研负责其内装的再设计。日本桥三越总店曾是生活于日本桥的隈研的父亲的游乐场，也是隈研幼年就熟悉的地方，是父亲为他定制衬衫的地方。这也可以视为命运的邂逅。对隈研来说，日本桥三越总店的再设计是挑战如何在保存历史建筑物风貌的同时融入现代性的难题。

在三越总店本馆一楼原本的装饰艺术风格的基础上，隈研构思了"白色光辉森林"的设计概念。隈研将地板上延续排列的白色大理石柱喻为树干，在柱子上部加装菱形铝制面板喻为枝叶。改建中，隈研针对包括室内的日常用品和家具都进行了再设计，执着于"三越特色"。隈研解释他的设计表现了孩提时代在此感受到的光辉。

负责开幕式招待会场装置艺术的丹尼尔·奥斯特是我非常欣赏的花艺艺术家之一。因为我从事空间设计，所以和丹尼尔·奥斯特的私交很好。我在开幕典礼的计划方案中提议隈研与丹尼尔·奥斯特合作，并一直期待着这一天的到来。

隈研与丹尼尔·奥斯特是互相尊敬、相互影响，跨越花艺和建筑领域藩篱的朋友。丹尼尔·奥斯特将从自然中获得的花木的存在本身视为空间，这与将建筑视为庭园的一部分，追求建筑与自然的调和的隈研的价值观是共通的。拥有共同价值观的艺术家在相遇时，他们所拥有的创造力相互影响、相互促进，绽放出超乎期待的光彩。隈研打造的"白色光辉森林"和丹尼尔·奥斯特的作品交相辉映，营造了完美的氛围。

曾为"大仓酒店"设计室内装饰的荒木光子是我家翁的表妹，她也出生于明治时代，是将东西融合的美学思想教给我的恩人。"大仓酒店"之后，荒木光子参与设计了1967年（昭和42年）开业，位于赤坂山王神社旁的"东京希尔顿酒店"。1984年（昭和34年），因运营公司变更，"东京希尔顿酒店更名为"东急凯彼德大酒店"。那是深受众多名人喜爱的酒店，尤其与外国艺术家的渊源深厚，因披头士和迈克尔·杰克逊等人下榻而闻名。由于建筑老化需要改建，而负责其设计的正是隈研。

2010年（平成22年），东急凯彼德塔竣工，作为东急集团的旗舰，"东急凯彼德大酒店"开业。隈研在其设计方案中积极使用格子、拉门等日本建筑样式的要素，与荒木光子执着的"和"的审美意识相重合，令人产生不可思议感和怀旧之情。

我不禁感慨，虽然近年来外资高档酒店陆续在东京开业，但要迎接来访的外国宾客，家具和内装就必须要有"和"的气氛。充满"和风"的"东急凯彼德大酒店"既处于交通便利之所，又让人忘却都市的喧嚣。

"三得利美术馆"（2007年）和"根津美术馆"（2009年）也是如此。我与隈研相关的场所和人都有着不可思议的关系，我感到我们非常有缘。2019年（令和元年）的"新国立竞技场""明治神宫博物馆"等将成为东京的新名胜。作为隈研多年来的拥护者，我感受到无比的喜悦。

人与人合作的基础上建设的美术馆 〔南青山〕

我非常喜欢位于青山的"根津美术馆"。

开幕招待会上，竹林间隐现的优美屋顶首先映入我的眼帘。美术馆那安静端庄的形态，令人忘记身处表参道附近，这是位于都市中如绿洲一般的治愈空间。

"根津美术馆"特别吸引我的是那美丽的屋顶。我还清楚记得，我和好友日本旅行作家协会名誉会长兼高薰女士一起去中国云南省丽江旅行的情景。站在丽江的山丘上远望，那不断延伸宛如波浪般的屋脊、长满青草的屋顶带给我的感动至今不能忘怀。看到"根津美术馆"美丽的大屋顶时，不禁让我突然想起了那次丽江之旅。

进入"根津美术馆",正面是充满历史感的安静的庭园,观客可以悠闲地沉醉于艺术鉴赏。通向二楼的楼梯台阶阶差很小,这是考虑到高龄参观者的设计。体味过历史悠久的庭院,悠闲地欣赏艺术品后,还能在绿荫环绕的庭院中的咖啡馆休憩,令人无比愉悦。

"根津美术馆"为保存、展示被称为"铁道王"的实业家根津嘉一郎收集的古美术品,由其子根津嘉一郎于1941年(昭和16年)建成。因战火被毁大部,于1954年(昭和29年)重建,之后经过数次增建、改建,由现任馆长根津公一于2009年(平成21年)重新创建。

根津夫妇都是极有见识的人物。夫人根津后方子是凸版印刷原社长山田三郎太的孙女。山田三郎太先生是企业家还是著名绘画团体"丘吉尔会"的成员,他与有很深艺术造诣的根津公一先生带着隈研参观了世界各地的知名美术馆。

隈研和根津先生一边在全世界旅行，一边共同商议最终建成了"根津美术馆"。这说明，如果客户和建筑师的价值观一致就可以建成优秀的建筑，"根津美术馆"就是极佳的案例。

同样位于青山，销售中国台湾点心的"微热山丘·日本"也是我喜欢的场所。由木材组成的样式新颖的建筑引人注目，二楼不仅可以试食，还有可口的清茶，店内宁静的氛围营造出治愈人心的体验空间。

留学美国时所确信的 〔美国·纽约〕

1985年(昭和60年),隈研30岁的时候,他结束了
六年的上班族生活,作为全美首屈一指的名校、
哥伦比亚大学客座研究员赴美,实现了他留学深
造的梦想。留学期间,隈研在哥伦比亚大学被称
为"世界最大的建筑专业图书馆"中潜心研究20
世纪20年代的美国建筑。

第一次世界大战结束后的20世纪20年代,美国正
处于被称为"咆哮的20年代"或"黄金的20年代"
的繁荣的鼎盛时期。在纽约,摩天大楼不断建
成,汽车逐步普及,全美境内形成了完善的交通
网。以禁酒时代(1920 — 1933)为背景,在装饰艺
术风格的豪华的俱乐部里,人们沉迷于梦幻般的

享乐之中。

当时，不仅是城市，郊区也获得发展。由于人口大量流入，城市中住房紧缺，加之汽车等交通工具的发展，促使人们开始在郊区居住。然而以"黑色星期四"（1929年华尔街股灾）为契机，美国忽然进入了大萧条时代，为应对萧条，政府加强了房地产政策，从而形成美国再次繁荣的基础。战后的日本也引入了美国的房地产机制，成为经济发展的原动力。

20世纪20年代也是现代主义建筑兴起的时代。瓦尔特·格罗皮乌斯的"包豪斯校舍"（1926年，德国）和路德维希·密斯·凡·德·罗的"巴塞罗那馆"（1930年，西班牙）、勒·柯布西耶的"萨伏伊别墅"（1931年，法国）等现代主义建筑初期的代表作纷纷涌现。

发源于欧洲，席卷20世纪的现代主义建筑，否定了之前的巴洛克、哥特风格等建筑的装饰性，是以合理性和功能性为目标的设计运动。就现代主义建筑，柯布西耶提出了著名的"新建筑五点"，即底部镂空、屋顶花园、自由空间、横向长窗、自由立面。在日本，柯布西耶的弟子坂仓准三和前川国男、丹下健三等人，引领了现代主义建筑的发展。

隈研回国后，将留学期间的记录汇集成书出版，这就是业界热议的隈研的处女作《10宅论》(10宅論)。据说在海外，该书因更客观地考察了日本住宅而获得广泛的好评。

如前章所述，作为哥伦比亚大学客座研究员赴
美时期，隈研曾历访弗兰克·劳埃德·赖特的建
筑。在那一年的留学生涯中，隈研和各种各样
的人不期而遇，其中包括美国前总统唐纳德·特
朗普。

在提供奖学金的洛克菲勒基金会的介绍下，隈研
还采访了那些牵引时代的著名建筑家。如：20世
纪的代表建筑家菲利普·约翰逊，设计了毕尔巴
鄂古根海姆美术馆的弗兰克·盖里，以"六本木
新城森大楼"而知名的威廉·佩特森，以及除"国
立国际美术馆"之外还在日本留下很多作品的西
萨·佩里等。

据隈研回忆，这些大师不但不自大其事，相反都特别温柔、亲切随和，令人敬佩。特别是菲利普·约翰逊还邀请隈研去他临近纽约的康涅狄格州新卡南家中，亲自介绍了其代表作"玻璃屋"（1949年）。菲利普·约翰逊著名的自宅当然令人震惊，但是更令隈研感慨的是，所谓伟大的建筑家，其生活本身就是伟大的作品。

菲利普·约翰逊是美国的现代主义建筑的推动者。1932年，他以策展人的身份在纽约近代美术馆策划了"近代建筑展"，介绍欧洲的现代主义建筑潮流，展示了包括勒·柯布西耶的"萨伏伊别墅"模型等在内的大量作品。展会的图录名称是《国际主义样式：1922年以来的建筑》，这是促成现代主义建筑最终走上世界舞台的契机之一。

然而，其后，菲利普·约翰逊又成为后现代主义建筑的领袖。

极力排除装饰性，追求功能性和合理性，被戏称为"火柴盒子"的现代主义建筑，给人以无机质的、枯燥无味的印象。反思现代主义建筑设计，为创造具有装饰性的多样的建筑设计思潮被称为后现代主义建筑，在20世纪80年代达到鼎盛。

因为菲利普·约翰逊把现代主义建筑介绍至美国，其后又成为后现代主义建筑的旗手，所以一时间成为争议人物。但隈研认为，这种建筑思潮也仅仅是暂时性的，不会维持很久。包括菲利普·约翰逊在内，隈研的采访记录其后以《再见·后现代主义——11位美国建筑家》（グッドバイ·ポストモダン—11人のアメリカ建築家）（1989年，鹿岛出版会）为名出版。

1986年（昭和61年）夏天，隈研回国，在音羽设立了个人设计事务所。

隈研的工作重心转向地方的主要原因是，泡沫经济崩溃后，东京都内完全失去了工作的机会。1991年（平成3年）建成的"M2"（现东京Memolead大厅），是隈研迎来巨大转机的建筑作品。这个项目既是隈研失去东京工作机会的契机，也是隈研第一次体验到的挫折。

1986年（昭和61年）创立设计事务所后的四年间，隈研的事业蒸蒸日上，其工作项目囊括时尚大楼、办公室、住宅和公寓等。据说，在泡沫经济的鼎盛时期，客户的委托如雪片一般杀到。

彼时，在泡沫经济背景下，日本各地都建造了充满创意的建筑。这些建筑都是因反对现代主义建筑而出现的后现代主义建筑。

"M2"是追求最先进设计的汽车制造商实验室，位于穿过东京世田谷区的环状八号线沿线，其外观给人以极为深刻的印象。

隈研想要表现当时东京的"真实"。虽然"M2"的外观古典，但其内部充满了高科技元素。爱奥尼柱式柱头上巨大的卷曲图案足以吸引眼球。右侧建筑上零星使用的一块一块的石材体量巨大，夸张的装饰突出了建筑的虚构性。建筑装饰中还使用了高速公路的隔音板和通信线路等，各种各样的片段无逻辑地聚合在一起，表现出包围着混乱的东京的主干道的隐喻。

这个建筑虽然内含对泡沫经济的浮躁时代，以及浸染于现代主义和后现代主义的建筑界的嘲讽，却恰恰被批评为"泡沫经济的象征"，遭到现代主义和后现代主义两方的敌视。很快，泡沫经济崩溃，因为这个作品，在此后的10年间的东京，隈研没有收到任何客户的委托。

即便是现在，如果在网上搜索后现代主义建筑，"M2"肯定出现在前位。因那个时代的历史潮流，"M2"已经被定位为后现代主义建筑。虽然其具有强烈视觉冲击力的新颖的设计即便在近30年后的今天也同样引人注目，但遗憾的是，与隈研本人的意图相左，"M2"被评价为泡沫时代后现代主义建筑的代表作。

受父亲影响，隈研自幼就对建筑充满兴趣，小学时代见到代代木体育馆后更立志成为建筑家。其后，隈研进入荣光学园、东京大学、东京大学研究生院学习，又经过设计公司和建筑公司上班族的经历，再去建筑发达国家的美国留学，在邂逅各种各样的人和建筑后，才回到日本创业。

虽然隈研走向建筑家的道路可谓一帆风顺，但如同建筑家的设计方案一般完美的人生历程，却在"M2"项目中遇到了巨大挫折。正是彼时，隈研的右手腕意外严重受伤，此后，惯用的右手活动受限。

在"M2"项目即将完成之时，隈研当晚在家中为将举行的演讲会做准备。因资料不足，心烦意乱，接电话时拿起听筒的右手重重地撞在玻璃桌上，瞬间，破碎的玻璃割破了右手腕，伤口之深，甚至可以用肉眼看到骨头。虽然所幸没有伤及动脉，但神经和肌腱完全被切断，即便是经过两次大手术也无法恢复原本的功能。

不但无法再画擅长的素描草图，被迫放弃了网球和高尔夫，甚至不能扣衬衫的纽扣。虽然严重的受伤导致隈研消沉了一段时间，但很快他就从伤痛中恢复。部分身体的活动受限，反而使隈研获得了解放感，他的意识也恢复到原始状态。在逆境中，通过闪现的灵感发挥力量的隈研的特性，可能也是源于这种积极思考。

原本在建筑现场隈研会很快画出素描草图，但因手腕受伤后无法绘画，所以隈研开始倾听现场的声音、关注现场气息。可能，右手的不便反而促使其他器官和感觉更为敏锐。此后，隈研在地方邂逅了各种各样的素材和各种各样的人。

奔波于世界各地的隈研，并没有为维持健康而刻意做什么运动。仅仅是有时间就去游泳和街头漫步而已。

因为日常面对极为繁重的工作，一年中几乎没有可以称得上假期的时间，所以在海外洽谈业务前后空出来的几个小时中的街头散步就成了最好的休息。这不仅对健康有益，也经常可以触发设计灵感。

隈研特别喜欢能感受到地形的城市，在苏格兰设计维多利亚和阿尔伯特博物馆邓迪分馆时他经常在爱丁堡散步。漫步于位于丘陵地带的美丽的旧街道，游荡在没有游客的地方，有各种各样的邂逅和发现。

虽然对南极、北极等无人区并没有什么兴趣，但对好奇心旺盛的隈研来说，在各种土地的各种邂逅是他旺盛的精力的来源。隈研喜欢品尝当地的特色食物，他不挑食，留意多吃蔬菜。与美食的邂逅也是隈研精力的来源。

街头漫步之外，另一个爱好就是他从小就热衷的读书。但是，隈研现在的读书更多是为了工作，是为了写作而阅读相关书籍。

隈研认为自己是"创造者"。与建筑相同，书籍也是创造，不受类型限制的广泛阅读，形成了隈研写作的基础。在国内出差等时间之中，隈研就沉迷于车内读书。可以说，隈研是同时注重爱好和实用的工作狂，他生命力的秘诀在于工作和美食。

2019 年 7 月

隈研吾建筑都市设计事务所，青山

Q&A

采访者·**Q**　隈研吾·**A**

20 世纪 90 年代的地方巡礼

——与人·自然·素材的邂逅

Q· 20世纪90年代，您曾去地方巡游并留下了很多建筑作品，为什么您会想到去地方巡游呢？

A· 1986年我创业开办了设计事务所，此后至1990年的四年间真的是异常忙碌。那时候的设计项目包括我设计事务所所在的青山一带的大厦等。但是泡沫经济结束后的10年间，我在东京几乎找不到工作。然而因为清闲，所以也有了很多时间。实际上在那之前，我几乎没有去过东京之外的地方，所以也考虑去巡游一番，恰好一些从事地方振兴工作的朋友也向我发出了邀请。

Q· 其中之一就是高知县梼原町吧。

A· 高知的建筑事务所的朋友，询问我能否帮忙参与位于梼原的古老的木造戏院的保存、拯救工作，为此，我就去了梼原。
到梼原后我发现，那个戏院中由细木构成的观众席等非常精彩，我认为无论如何都要保留那个戏院，在和町长沟通后，双方意气投合达成一致，以后，镇上就委托项目给我了。

去参与建筑保护运动，反而接受到建筑项目委托，这种事情非常少见，我和梼原町的缘分就此开始，一直维持到现在。

Q· 综合厅舍那如同打开柜子抽屉一般的立面非常引人入胜呢。

"木桥博物馆（云端画廊）"那个木制桥桁更是漂亮，从下仰望时，简直令人着迷。所以，在梼原，隈研邂逅了树木这样重要的素材吧。

A· 在1986年至1990年泡沫经济时代的东京，建筑是样式的竞争，只要样式有趣就好，很少有人关注材料。

在梼原时，町长对我说："我不懂建筑，所以绝不插嘴设计方案，但是请一定使用木材。因为梼原是以林业知名的。"此前我从未建造过木制建筑，也没有画过木制建筑的图纸，那是我第一次面对木材这种建筑素材。

Q·　　　　　1994年又设计了"梼原地域交流设施(现云端酒店)",之后还着手了好几个项目吧。

A·　　　　　是的。"梼原町综合厅舍""木桥博物馆(云端画廊)""云端图书馆"等,共接手了六个项目。

Q·　　　　　一位建筑家与同一个地方政府的长期合作是极为少见。您开始就想到会这样长期从事梼原的项目吗?

A·　　　　　做梦也没想到会是这样。一般来说继任的町长不会继续前任町长的安排,而是将项目委托给其他人,但在梼原,与我合作的町长现在已经是第五任了。一位建筑家和五任地方自治体首长都有合作,这是没有先例的。

Q· 那是因为大家都被隈研的人品所吸引啊。所以，隈研才会一直保持着和当地的交流。今后还有什么计划吗？

A· 现在有一个项目正在设计中。暂时还不便详细说明，大致是着手改建最初的设计项目。"云端酒店"也客房不足，还有那里的公园也需要重建。

Q· 我还记得"云端酒店"门旁池塘中有一个舞台，那里可以看到绝佳的景色。如果在那里举办筱笛或打击乐的演奏会，声音一定会响彻四面八方，一定非常棒。那里也很适合拍照呢。

A· 实际上，我曾邀请小提琴家古泽岩先生还有琵琶演奏者。在那里举办的演奏会感觉非常好呢。您也会觉得那里很好么？

Q· 　　　　那里当然非常好！因为我也从事舞台设计工作。
我非常喜欢这些。有可能的话，我也很想用那个舞台。
说到舞台，隈研设计了"森舞台"（登米町传统艺能传承馆）。隈
研在东北还邂逅了传统艺术中的能乐呢。

A· 　　　　森舞台在宫城县的登米町，那是一个因农村空心
　　　　　　化而人口外流的小镇。当地政府邀请了研究人口
　　　　　　问题的专家和我，希望能一起找到振兴小镇的
　　　　　　方法。
　　　　　　去了小镇以后了解到，那是一个能乐非常流行的
　　　　　　地方。远远就能听到小镇中传来的能乐之声。在
　　　　　　调查后发现，原来当地的能乐是伊达藩的领主推
　　　　　　广开来的。能从远处就听闻小镇中能乐的宛转缭
　　　　　　绕，真是令人吃惊。

Q· 　　　　属于哪一派的能乐呢？

A· 　　　　融合了大仓流，被称为登美能的独特风格。

Q·　　　　据说伊达藩世代都热爱能乐。所以这种传统至今仍然扎根于此地呢。在日常生活中还可以欣赏能乐真是太好了。

"森舞台"是1996年建设完工的吧。

A·　　　　虽说这是我在东北地区着手的第一个项目，但预算不足，无法使用木曽产的日本扁柏，只能用当地那种有很多木瘤的罗汉柏。我原本就不打算建造房子，就借景于自然的森林在室外搭建了舞台。因为白色石灰岩价格很高，所以铺在白洲的石头也用黑色碎石等，下足了功夫。出乎意料的是，用黑石铺就的白洲反而获得了非常之高的评价。只要不受既定规则的束缚，就一定可以找到问题的解决方法。

Q·　　　　为了削减成本，隈研真的是殚思竭虑啊，当然，其结果是建筑完全融于周围环境。在"森舞台"还举办过电影节吧。

A·　　　　那是3·11震灾之后，小津安二郎先生作品的电影节。因为舞台在室外，所以来了很多人，观众都很开心。

Q· 真的是令人又兴奋又感动。我特别喜欢这种活动。"森舞台"还获得了日本建筑学会作品奖。我想以此为契机，隈研应该有机会把工作的重心转回东京，但是之后您还是坚持在地方巡游。

A· 获得日本建筑学会作品奖应该是在1997年，那时东京的经济还未恢复，泡沫经济崩溃后的不景气还在持续。所以在那之后我还是承接广重美术馆等地方的项目。

Q· 那是2000年建成的栃木县"那珂川町马头广重美术馆"吧。隈研在那里又邂逅了神社的森林。

A· 广重美术馆的后面就是神社森林的后山，我觉得主角应该是那个后山。

Q·　　　　这种创意真的是太精彩了。前面提到的"森舞台"也是这样，谋求建筑与借景的森林的调和。隈研毕业论文的题目也是关于神社的森林吧。

A·　　　　硕士论文的课题是森林，阐述对人而言山的无可替代的重要性。我对山非常感兴趣，硕士论文中记录了老师们各种关于植物以及森林的言论。后来觉得，那时候我的论文就是我现在投身的事业。所以在以后的工作中，产生了建造以森林为主角的建筑设计理念，为了强调森林，我会尽可能地降低建筑物的高度。

Q· "森舞台"只有舞台而没有外面的建筑,虽然都是与森林融合的设计理念,但其与广重美术馆的设计思路不同。

A· 最初,小镇的居民也非常惊讶。小镇的居民们并没有意识到森林是何等重要。在日本原本就有借景的文化,借景森林,可以营造富有魅力的整体形象。

因为是地方政府委托的项目,所以预算并不充裕,但也正因如此反而可以思考如何在预算范围内使森林成为主角。具体而言,我降低屋檐至2.4米,设计屋檐伸出部为3.6米。在屋檐形成的阴影下,观众无法直接看到墙壁,这样,建筑就与其背景的森林融为一体。

Q· 纵向的木制栅格覆盖住了整栋建筑，简直就像广重著名的《大桥安宅骤雨》中雨的描绘方法。此后，木制栅格成为隈研建筑设计的代表性创意呢。

A· 那时，在各种调查中发现，广重在建筑史上也有着很大的影响。

弗兰克·劳埃德·赖特是广重的收藏家，甚至他曾扬言，如果没有广重就没有他的艺术。弗兰克·劳埃德·赖特尊敬广重，从其中学会了空间的透明感和层叠方式等。在广重的绘画中，风雨以直线描绘，看起来在画面中雨的另一侧好像还有一个空间。当我了解到这些之后，我就想到了使用栅格。

Q· 西方绘画中一般是像雾气一样表现风雨，但广重是用相互重合重叠的直线来表现风雨。这些也和隈研当时的创意有关吧。

A· 虽然不太为人所知，在1995年建成的热海"水/玻璃"中我也使用了栅格。不过当时使用的是铝制栅格，在广重美术馆中则使用了木材。

Q· 　　　　热海的"水/玻璃"表达了水和大海的邂逅呢。我曾和东京大学的学生们一起去参观，那种展示水的设计方法深深地感动了我。

A· 　　　　在热海的那个建筑中，我最初的想法是如何去掉栏杆。一般情况下，如果建造阳台就必须要做栏杆以保障安全。但是建筑面对那样美丽的大海，我无论如何也不舍得让栏杆破坏那片景色。然后就想到，如果用水可以保证安全性，那么就可以不用栏杆了，就这样，最终设计以水面来保障安全的方案。

Q· 从隈研的建筑中可以看出，您有一种看到新鲜事物后就能联想到其新的发展方向的才能。

在热海，隈研还邂逅了布鲁诺·陶特。据说您设计的建筑旁的房子就是布鲁诺·陶特改建的日向宅邸（原日向别邸）。

A· 虽然我知道日向宅邸，但怎么也没想到竟然在我要设计的房屋的隔壁。这也是我和布鲁诺·陶特的缘分吧。

20世纪30年代，我父亲曾在银座名为 "Miratesu（ミラテス）" 的店里购买了布鲁诺·陶特设计的木质烟盒，我父亲非常珍视它。因为总会看到那个木质烟盒，为此，布鲁诺·陶特的名字一直刻在我的脑海中。成年后，在群马县，我从当年曾支援布鲁诺·陶特的友人那里看到了布鲁诺·陶特的各种作品。当得知我要设计的房屋旁边就是布鲁诺·陶特设计的建筑时，我感到非常惊讶。我感觉那简直就是命运的邂逅。

Q·　　　真是不可思议的命运的邂逅啊。我曾在银座的画廊看到布鲁诺·陶特设计的木质照明器具，感觉非常之美妙。隈研也一定看过很多布鲁诺·陶特的作品，得到了熏陶吧。在栃木，隈研又邂逅到石材，然后在意大利获得了世界石质建筑大奖。

A·　　　那须的"石美术馆"和广重美术馆一样建成于2000年。但其实在很早以前我就开始着手这个项目了。

广重美术馆附近的那须町的石材销售商说想建石美术馆，我觉得很有趣，就去现场看了看。石材销售商说，虽然没有预算，但有石材，还有两个石匠。我想，既然有石材处理场，有工匠，那么即便没有预算，委托工匠把石头堆积起来也可以吧。

对石材销售商来说，也是由石匠亲自动手建造比其他的从业者参与更好。一般来说是没有这种工作方式的。通常情况下，所有的工作都会交给建筑公司去做，但对我来说，可以直接与工匠交流，共同商量石头的摆放方式，是非常有吸引力的。

Q· 直接和工匠交流，即便是很麻烦的事情也可以从容解决。正因为隈研不断对话谋求沟通，所以才会建造出那么有趣的建筑。

A· 是这样的。如果是建筑公司来做的话，项目经理不会思考如何创新，所以就只能按照以往的做法，用普通的石材营造细节，然后将其贴在混凝土上，凑合着完成工作。但是，因为是和工匠直接合作，简直就是打开了通向新世界的大门。那时，我切身感受到了这些。实际上，正是因为和工匠在一起才能做出有趣的建筑。

某天，我忽然接到来自意大利的消息，说石美术馆获得了石建筑奖。然后，广重美术馆也在芬兰拿到木建筑奖。这两个奖项我都没有投稿，都是对方说要给我颁奖，问我几月几日能否来领奖。那时我感受到，关心这些领域的人总会关注你的工作。因为获得了这两个奖项，我的业务范围一下就扩展到全世界。

Q·　　　　2001年"石美术馆"获得国际石质建筑奖（International Stone Architecture Award），2002年"马头广重美术馆"获得"自然精神"（spirit of nature）国际木建筑奖。这证明隈研分别在石和木造建筑的发源地获得了认可，从而走向了世界，这些可以说是您巡游地方的成果之一。

A·　　　　栃木还有一个"那须历史探访馆"，也是2000年建造的。我个人称这三个建筑为"栃木三部曲"。"那须历史探访馆"使用了稻草、和纸等材料。通过这三个建筑，我深刻理解了素材的趣味性。

Q · 　　　　2004年隈研出版了《负建筑》(負ける建築)。巡游地方，了解各地的自然、环境和文化，邂逅各地的树木、石头等素材，这些最终都形成了"负建筑"的思想吧。

A · 　　　　我思考用什么词汇才能表达我当时所做的事情。苦思冥想之中，脑海里就浮现出"负建筑"这个词汇。然而即便是初次听到"负建筑"这个词汇的人们也都表示可以理解其含义。在此之前没有人用"负"这个词来形容建筑。很多人或者用"美"、或者用某种文化的难懂的语言来解释建筑，但是从来没有人用"负"这个词汇。

　　　　但是很多人听到"负建筑"这个词的时候，马上就明白了，"啊，隈研要做的就是这样的建筑"。"负建筑"在世界范围内被翻译、介绍，我的建筑思想也在世界传播开来。

Q·   结合环境和自然建造的建筑是"负",殚精竭虑在预算范围内完成建设,在某种意义上也是"负"。也就是说,控制建筑费用。

A·   哈哈,的确如此。

Q·   所谓"负",也意味着不强调自我而是强调对方。无论是对自然、环境还是客户。我认为这就是隈研独特的表现方式。

可以说现在的隈建筑的原点在于隈研20世纪90年代地方巡游的经历。那么,对于隈研来说地方是怎样的存在呢?

A·   我自幼在都市中长大,所以对地方有着非常强烈的憧憬。暑假时候去伊豆、信州等地方深山中的乡下亲戚家里,看到亲戚们过着比在都市里做工薪族的父亲更为丰富的生活。因为我向往日本的地方所特有的交流、沟通能力以及纯粹的生命力,所以我觉得这也是我的原点之一。

Q. 隈研老家的大仓山在当时也是乡下吧。

A. 在大仓山我学到了很多呢。我从小就喜欢听农家的叔叔伯伯们聊天。

那些人的谈话不是都很有趣么？他们也不会向你强行说教。农家的人们往往骄傲地聊他们如何经营农业，我特别喜欢听他们说那些。

所以现在我无论去哪儿都会和当地的人们聊天。在梼原也是这样，我会认真倾听他们的谈话，绝不会自以为是地向他人说教，我只是倾听。

这样，当地的人们就会想，"啊，隈研会很认真地倾听我们呢"，当他们知道我是认真倾听、理解他们的人，他们也就会坦诚地说出问题所在。互相之间开诚布公地交谈是非常重要的事情。我认为在地方工作的诀窍之一就是"倾听"。

187

Q ·   看来，隈研是首先收集各种信息，然后再不断发展创意呢。

但是我想地方也并不一定都是美好的，巡回地方，隈研认为他们有什么问题点？

A ·   应该是没有自信吧。他们对自己的文化缺乏自信心。在20世纪80年代的地方，因为缺乏文化自信，所以普遍都在模仿欧洲的文化。

我认为重要的是，要告诉地方，"你们的文化非常棒、非常有趣"，让地方建立起文化自信。现在是网络时代，即使是很微小的事物，如果能有趣地将其表现出来，也会吸引海外观光客等来参观、体验。

梼原就吸引了很多法国人来观光，如此一来，像梼原这样的地方的人们就会觉得，原来很多外国人都对我们的文化很有兴趣啊，这样他们就会建立自信心。这样就可以进入下一个阶段了。

我觉得这样一点一滴地提高自信的阶段非常重要。不是憋足劲儿要一下子就做出来非常了不起的东西，而是在长期的交流的过程中逐渐增强自信。

Q· 虽然与东京等都市相比，地方的发展迟缓，但是也正是因如此才留下很多古老且美好的事物。这是一个矿藏丰富却有待挖掘的宝藏，但很多人根本没有这样的意识，真的是太可惜了。

A· 是的。因为没有自信，所以即使是料理，不管在哪儿都是同样的生鱼片和天妇罗，地方的人们以为只有这些才能获得游客的青睐。虽然在地方有各种只有在当地才能品尝到的美食，但不管到哪儿都是千篇一律的旅馆食物，这实在是太令人感到遗憾了。

Q· 我也是美食家，无论去哪儿都想尝试当地的食材。隈研印象特别深刻的地方美食是什么？

A· 比如，梼原的石川鲑鱼、野猪火锅都是美味。然而我刚去梼原的时候，那里只有千篇一律的旅馆食物。
濑户内也是一样，好像料理中有虾就可以，虽然当地会有那种很大的虾，但我会在最初就说明我不要那种大众食物，而希望能品尝到当地的特色美食。

Q· 隈研在工作之余也会观光吗？

A· 工作之余会散步。一边散步一边观察一边思考，比如，行人眼中的建筑等。街头散步和建筑的创意是很有关系的。

如果上午有时间的话，我会一直在街头漫步。这个最为重要。我不是像旅游那样参观景点，而是通过走路寻求创意。

Q· 隈研是通过散步寻求新的邂逅呢。散步也有利于健康。

虽然梼原也是在深山中，但隈研觉得目前为止去过最为偏僻的现场是哪里？

A· 现在，我在设计阿苏盆地中一个村庄的小设施。那里感觉很好。

Q· 　　　　东京中心的办事处和地方的建筑现场。这种反差
是非常好的心情转换啊。

A· 　　　　不知道为什么我客户大多位于偏远地区和边境。
　　　　不仅限于日本国内，在世界范围内也是如此。

Q· 　　　　我想这是"负建筑"思想在地方被广泛接受的证
明。他们一定和隈研有相同的体会和感受。地方项目的建设中
有没有感受非常吃力的事情？

A· 　　　　不管哪里，财政都很紧张，基本上都没有预算。
　　　　比如，宫城的能舞台如果要建造在建筑内部，那
　　　　么需要花费20亿日元，但如果只是木制舞台就不
　　　　需要那么多。我想只要肯下功夫，这些都是可以
　　　　解决的。

Q· 最近，隈研还就任高知县立林业大学校长。执着于木造建筑的您怎么看待日本的林业？

A· 日本的林业的经济规模很小。培育树木成才，需要花费60年的岁月。如果是普通规模的话，不可能等待那么久。我想在某种程度上整合资源实现企业化经营可能是一种方法。

例如，瑞典是世界第三大木材出口国，其林业公司只有三家，不但规模大，而且实力强。如果日本不是各自为战，而是统合资源应该也有很大可能性获得发展。

从地方到世界，再到未来

"负建筑"一词产生之前，隈研的建筑思想就始终
没有改变，在不断的实践中，他独特的思想体系
开始逐渐形成。隈研总是重视"场所"，他倾听场
所的声音，选择适合该地的素材。如果离开当地
工匠和民众们的支持与合作，隈研的建筑就不可
能存在。可以说，隈研的建筑建立于在与各种人
的邂逅以及良好关系之上。

20世纪90年代的地方巡游中，隈研遇到了各种素
材，遇到了各种工匠和人们，构建了和地方的良
好关系。与地方自治体的初次合作是在爱媛县今
治市的大岛建造的"龟老山展望台"。此后，无论
是高知梼原的"城市振兴"、还是宫城县登米市的

"森舞台""栃木三部曲"等项目，隈研都收获了巨大的成功。不仅限于国内，因为这些项目在海外也受到高度的评价，隈研得以在世界各地不断扩大其影响力。

以"梼原町综合厅舍"为首，隈研参与了很多地方政府厅舍的设计工作，他所设计的政府厅舍是人们聚集、融汇的建筑，是开放的、相互交流的场所。当地居民自不必说，很多外地人也特意前来参观、体验。一般的政府厅舍被认为是典型的现代主义的水泥盒子，也是建筑批评的众矢之的，但隈研的设计实践证明，如果能在深刻理解当地的文化、历史和自然环境等特征的基础上进行设计，就能充分发挥厅舍原本应该具有的作用。

"能不能在这里设计洗手间？""一定做到。"这样的对话凸显隈研风格。以上是为保护面临被拆除命运的木造小戏院，1989年（平成元年）隈研初次造访梼原时和当时町长的对话。梼原町长一定感觉如此平易近人的隈研，并不是从大都会来到乡下的傲慢先生，而是和自己有着相同感受，可以平等对话，一起完成工作的伙伴。其后，隈研又数次造访梼原，自然而然地接受了当地政府的项目委托。自1994年（平成6年）建成"梼原地域交流设施（现·云端酒店）"以来，隈研已经和梼原地方政府保持了30年的合作关系。

梼原综合厅舍是在考虑其作为地域防灾基地的

功能性、居民的方便性，充分考虑环境以及当地特产素材的基础上，于2006年（平成18年）建成的。梼原综合厅舍中，包括那些人造杉木板材构成的栋梁等都大量使用了梼原产的杉木，厅舍内部飘荡着木材温暖的气息。

市民自不必说，作为能体验四万十川源流丰富的自然环境所孕育的城镇历史的建筑，梼原综合厅舍还备受游客的喜爱。甚至政府厅舍已经成为观光景点，在一楼大厅还设计有梼原町传统的茶堂。

2010年（平成22年）建成的"云端酒店别馆·梼原特产餐厅"的立面上使用了茅草等素材，是极具特色的建筑。"云端酒店别馆·梼原特产餐厅"是兼有当地产品销售店和酒店的复合设施，位于穿过城市的国道沿线。梼原是坂本龙马、吉村虎太郎等志士们为迈向新时代而走上脱藩道路的历史悠久的土地。在穿过爱媛的公路两侧，现在还保留了数个以茅草建造的被称为"茶堂"的休息设施。从中得到启发，隈研运用传统素材建造的"云端酒店别馆·梼原特产餐厅"表现出梼原独特的服务精神。

199

此外，值得一提的还有"云端图书馆"（2018年）。"云端图书馆"与幼儿园和福利设施相毗邻，是各世代交流、沟通的场所。木材如树枝一样从天花板延伸而下，身处馆内宛如在森林里一般。地板、墙壁、书架等都使用当地木材，令人感受到树木温暖的气息。馆内各处，孩子们能赤足玩耍，大人们则可以选择喜欢的位置阅读、放松。

次世代的交流厅舍 〔新潟·长冈〕

位于JR长冈站前的长冈市政府 "AO-Re长冈"，成功地将人流吸引回曾经一度被遗忘的车站前。被称为 "Nakadoma（ナカドマ）" 的大屋顶覆盖下的广场中总是人潮汹涌，热闹非凡。"Nakadoma" 如同隈研幼年所体验的土间，那混凝土形成的湿润、温暖的空间，受到包括老人和孩子在内的各世代的盛赞。

将原本位于郊外的厅舍迁移至车站前，是来自市长的提案。因为在车站前，建筑占地面积不足，所以不得不将政府厅舍的功能分散于周边。这看似是弱点之处，却恰恰是隈研的目标。他希望通过包括厅舍职员在内的进出人流来改变城市的氛围。实际上，新厅舍的进出人流是以前的1.5倍，在世界范围内步行街受到瞩目的背景下，"AO-Re长冈"是极好的案例。

建筑内外都使用了当地特产的越后杉和特色织物栃尾绸。除体育馆和多功能大厅外，厅舍内还设有银行和便利店，完全颠覆了政府机关死板、僵化的刻板印象。最值得关注的是建在厅舍一层的议会，其面对"Nakadoma"的一面完全是玻璃。玻璃墙壁的议会成为开放的议会的象征，从而吸引全国各地自治体纷纷前来考察。隈研称，在最初的方案中议会位于顶层。但在凝练设计方案的过程中，最终认为将议会设置于一楼更显自然。史无前例的设计方案引起了轩然大波，为此，隈研不但前往议会进行解释，还举办了面向市民的工作坊，介绍国外案例、不断说服，最终得到了议会和民众的认可。"AO-Re长冈"是全体民众共同参与才得以最终形成的开放式建筑。

"AO-Re长冈"是基于对客户的赤诚之心、对建筑的坚定信念以及学生时代从原广司先生那里学到的"黏劲"才得以实现的划时代的政府厅舍。

建筑在世界遗产之街的开放的厅舍 （群马·富冈）

如同曾在栃木"石美术馆"中使用的芦野石再次受到世间的广泛关注，素材不但是地域和建筑的黏合剂，还往往能形成触发和创造地域新产业和文化的契机。但为实现此目标，不但广泛获取各种地域信息非常重要，与当地机构建立的良好关系也不可或缺。

在群马县富冈市，隈研又一次挑战新的自然素材。蚕最初吐出的蚕丝被称为"生皮苧"，其纤维粗糙且坚硬不适合制丝。为此，隈研与当地民众一起思考如何将这种"废弃品"用于建筑材料。挖掘当地独特材料的同时积极予以利用将会产生溢出效应，不但能使建筑具有振兴地域产业的力量，而且建筑本身的社会作用也将发生变化。

富冈市政府位于2014年(平成26年)被联合国教科文组织列入世界遗产名录的富冈制丝场附近,是从离厅舍最近的上州富冈车站到富冈制丝场的必由之路。这也是一个旨在促进人流聚集,可以自由步行穿过的开放的政府厅舍。厅舍内部是一个明亮的开放式大厅,其墙壁上张贴着由"生皮苎"编织的壁纸。建筑的内装外装中都使用了当地产的木材。这些木材来自市政府所有林木中的各种杂木,设计中特别强调了各类木材不同的纹理变化。有梯度的房顶和为通风而开的高窗,是从养蚕的农家单跨屋顶中获得的灵感。

三层的行政楼和议会楼分别是两栋建筑,人们可以穿过其间。被称为"Silkool广场(しるくるひろば)"的位于厅舍前的草坪广场上可以举办市场等各种活动。厅舍前建于明治大正时代的富冈仓库也进行了大规模的改建,将会安排宣传富冈制丝场等设施的群马县世界遗产中心以及店铺等入驻其中,改建中使用了碳纤维材料以提高抗震性能。这是各处都表现出象征纤维都市的独特创意,融合了最先进技术和传统文化的面向未来的政府厅舍。

2019年（令和元年），"九谷陶瓷研究所【（九谷セラミック·ラボラトリー（セラボ·クタニ））】"开业。作为开拓小松市引以为傲，具有200多年悠久历史的传统工艺九谷烧未来的新基地，该设施广受瞩目。

小松市的九谷烧也可称为是以陶石为原料的"石文化"。以被认定为日本文化遗产为契机，小松市建成了以宣传石文化魅力、培养九谷烧产业人才以及促进产业观光为目的"九谷陶瓷研究所"。在占地面积约2700平方米(木制平房建筑)的园区内，可以体验从陶石加工到坯料制作、器物画等九谷烧制作的全部流程。

在融入小松当地风景的同时，九谷陶瓷研究所还营造出无与伦比的美妙景观和独特氛围。隈研在设计中强调了游览旧制工所和花坂山时能感受到的九谷烧与其素材的关联性。宛如拱起的地壳般的屋顶与大地相接，游客从其缝隙处进入内部，建筑内所有的房间都用玻璃相隔创造连接感，游客可以直接看到陶器制作的所有工序。

建筑本身就如同展示制陶各阶段工序的"断层"，不仅展示了九谷烧，还更近一步向游客传递其悠久的历史。部分墙壁上也创造性地使用了花坂细工，可以说九谷陶瓷研究所是汇集了小松地区引以为傲的各种新旧技术的建筑。

作为明治时期在欧美获得广泛赞誉的彩绘陶瓷器，从江户时代后期的1811年（文化8年）陶工本多贞吉在花坂地区发现矿脉以来的200年间，小松市的九谷陶瓷在世界各地深受喜爱获得"日本九谷烧"的美誉。

虽然开工时间不同，但栃木县那须町的"历史探访馆"和"石美术馆"以及那珂川町的"广重美术馆"均建成于2000年。在这被称为"栃木三部曲"的项目中，隈研深刻理解了素材所具有的特性、魅力以及将其用于建筑的趣味性。"栃木三部曲"因获得国际性建筑奖项而备受关注，隈研的工作也就此扩展到世界范围。

维多利亚和阿尔伯特博物馆邓迪分馆（V&A Dundee）位于苏格兰北部港口城市邓迪的河边，这是隈研在2009年举办的设计竞赛中因优胜而取得的在英国最初的项目。维多利亚和阿尔伯特博物馆邓迪分馆是位于伦敦的"维多利亚和阿尔伯特博物馆"分馆，威廉王子夫妇也曾出席其开幕仪式，是苏格兰政府重视的大型项目。

宛如维京海盗船一般的建筑外观，是隈研从苏格兰的悬崖上获得的灵感。巨大的混凝土棒维持着各自的角度水平堆放在一起，既如同悬崖绝壁上裸露的地层，又好像那须的"石美术馆"中的水平栅格。维多利亚和阿尔伯特博物馆邓迪分馆建筑的一部分迫近河流，在阴影下立面的渐变中，河流和美术馆融为一体。

维多利亚和阿尔伯特博物馆邓迪分馆也和那珂川町的"广重美术馆"一样设计有洞窟般的开口，据说其意象来自日本神社中的鸟居。从被仓库街所隔断的街道开始的动线延伸至美术馆所在的水岸，呈现出隈研要将街道和自然连接在一起的设计意图。

喜爱旅行和散步的隈研说，他喜欢地形起伏的城市。位于丘陵地区的爱丁堡是他最喜欢的城市之一。美术馆建成之前，隈研经常去位于爱丁堡的办公室。他流连忘返于游客罕至之地，因为那里有各种各样的邂逅和新发现。

隈研经常和苏格兰人喝酒。他觉得自己和有反叛精神的苏格兰人意气相投，工作上也非常容易沟通。无论是苏格兰还是法国的马赛等欧洲的地方城市，或多或少都有对抗中央政府的意识，具有明确地强调与中央政府不同的地域文化独特性的倾向。正因如此，海外的客户才期待设计了"广重美术馆""石美术馆"等标志性建筑，善于深入挖掘地方文化成果的隈研能活用其特长，创造表现地域文化独特性的建筑。这既是对抗全球化的"本地主义"，也是"负建筑"可以通用于世界的明证。

在各地设计了很多政府厅舍和图书馆等公共设施的隈研，其活动范围并不局限于日本国内。

位于法国靠近瑞士的城市布桑森的"布桑森艺术文化中心"（2012年），是隈研最初在欧洲的建筑设计竞赛中因优胜而获得的项目。那是建在河沿岸街道上的，由音乐大厅、音乐学校、美术馆构成的公共复合设施。虽然原本是一个阴暗的场所，但是隈研通过积极利用建筑用地内的砖造旧仓库等建筑，加之在内、外装上大量使用木材，从而将其变成人流集中的明亮的空间。在这次建筑设计竞赛（2007年）中，隈研察觉到，木材是通用于全世界的素材。

于2012年建成的法国南部城市马赛的"FRAC 马赛"是由名为FRAC（Fonds Régional d'Art Contemporain）的法国现代艺术基金会运营的美术馆。因历史上法国有着很强的中央集权倾向，为此主要的美术馆均集中在巴黎，而FRAC则是以在地方设立文化设施为目标创办的公共机构，为帮助、支持在地方活动的艺术家，展示他们的作品。

得益于北京"竹屋"的成功，隈研一跃成为在中国备受瞩目的著名建筑设计大师，获得了相当数量的业务。现在，隈研着手的海外项目之中，来自中国的委托最多，已经成为隈研吾建筑都市设计事务所的主要业务支柱之一。

基本上，中国企业的总负责人往往会在最初的业务洽谈中登场，他们在宴会上交杯换盏以观察对方的为人处事，加深相互之间的关系，为此，在中国的业务中不但必须学会饮酒，而且还会遇到不断的敬酒和干杯。据说，中国的宴会中宾客们谈论的话题涵盖内容非常广泛，往往涉及各个方面，非常考验双方的智力和教养。

现在的中国也注重追求建筑中对历史、文化、环境等的表现，而这恰恰是隈研最擅长的领域。隈研称，与不仅追求经济效益，还对本国文化也感兴趣的人们合作，工作进展才能更为顺利。

"竹屋"之后，隈研着手设计的是上海的照明设计公司的办公室和展厅"Z 58"。"Z 58"是三层的老厂房的改建，竣工于2006年。隈研着手的第三个项目是位于北京闹市区三里屯的艺术居舍（瑜舍酒店，2008年）。三里屯之于北京，正如青山和表参道之于东京。此外，隈研还参与商业设施、展示大厅、办公室和住宅等众多项目。其中之一是"三里屯SOHO"（2010年），这是五个高层建筑构成的大规模城市开发项目。

除大城市之外，隈研还在中国的地方着手了很多项目。如：位于四川省成都市郊外的美术馆（新津·知博物馆，2011年）、位于云南省山中的度假酒店（南腾冲云峰山温泉度假酒店，2016年)等。

在杭州，隈研设计了巨型IT企业阿里巴巴公司的总部大楼阿里巴巴淘宝城（2013年）。这是由全长超过1000米的桥梁连接了六个低层办公楼的大型设施，其间配置有相关体育设施、图书馆等。阿里巴巴的灵魂人物马云非常热爱中国历史，据说他曾以武侠人物给员工冠名。

在北京旧城区中心部的前门地区，隈研还设计了由古典的四合院改建的办公室和咖啡馆（北京前门，2017年）。所谓四合院是中国的传统房屋建筑形式，可以将该建筑视为中国式的古民居咖啡馆。

2019年，隈研设计了面积达43万平方米的商业园区（上海虹桥展汇）。该项目毗邻上海虹桥机场，占地面积相当于九个东京巨蛋。中国的项目大多规模巨大，工期紧迫，与日本相比明显存在差异，相同条件下日本几乎无法与之对抗。但是日本也有自己的长处，那就是小规模和团队合作精神。比如，京都与同样是古都的北京、西安、洛阳等城市的氛围不同。京都的空间规划被世代所守护，1200多年的历史绵绵不断传承至今，其致密、善用细节等处恰恰是日本人所擅长的。此外，以遍布的小京都为首，日本各地丰富且独特的传统文化流传至今，这些都是日本的宝藏也是日本能得以在竞争中胜出的优势所在。

通过在中国的工作，隈研切实感受到，不但必须竭尽全力保护地方文化和传统技术，更需要积极利用在日本各地还传承着的多样的传统文化形式和精湛的技术，其中特别是日本高超的木造建筑技术值得挖掘。然而令人遗憾的是，还有很多日本人并没有意识到热爱自然之心和特有的细腻感觉才是日本极为难得的财富。隈研认为，深入挖掘各地域多样的文化和历史，将成为推动建筑发展的强大动力。

三・一一大地震中暴露的建筑的弱点 〔宫城・石卷〕

东日本大地震这一来自自然的威胁，凸显了混凝土建筑的界限和日本经济成长的虚无。1995年（平成7年）的阪神・淡路大地震时，隈研就感受到，在自然灾难面前，无论多么大多么强的建筑，都毫无抵抗能力。"北上川・运河交流馆・水的洞窟"就是隈研这种思考的具体化。

客户的要求是在北上运河和北上川交叉处建立纪念馆，隈研的提案则是将建筑埋在河堤之中。彼时，隈研并未曾预想到在大地震之中前所未有的大海啸会上溯而来。当时他的想法是"相比大而强的建筑，在来自自然的绝对的力量面前，小且柔软的建筑反而更坚固"，基于这种思考的"北上川·运河交流馆·水的洞窟"于1999年(平成11年)得以建成。

1994年(平成6年)建成的"龟老山展望台"就是埋在地下的"看不见的建筑",在尊重自然、顺应自然的理念之下,隈研设计的建筑完美地契合该处土地的地形和性质。2000年(平成12年)的"石美术馆"和"广重美术馆"等也是基于这样的理念而设计的。2002年(平成14年)建成的中国北京的"竹屋"则影响了整个世界。在2004年(平成16年)出版的《负建筑》中,隈研更坚定了他的建筑思想,面对东日本大地震的惨剧,隈研领悟到,人不可能战胜自然。在日本所经历的2次大地震中,时代开始了新的回归。

人口减少、老龄化发展、经济负增长的当下日本社会,在20世纪的工业化社会结构中最终陷入僵局。必须改变固有观念才有可能寻找到新的突破口。战后的日本曾试图用混凝土在战火的废墟中实现复兴,但现在不得不再次将视线投向木材。

虽然在历史上,江户时代也曾多次发生地震和大火灾，但日本人始终执着于木造建筑。因为木材不但是容易获得的建筑材料，其使用也与西方建筑中的石、砖、铁和混凝土等素材完全不同。在日本的历史上，消防队会在火灾中破坏燃烧的房子，防止火势蔓延，从而实现地域防灾。日本人绝不反自然，而是在接受自然的同时谋求与自然的共存。土间、缘侧、坪庭等也是日本人将自然融入日常生活的家屋中的明证。

为此，并非更强的建筑，相反日本人始终追求那些看似弱小但可以再生的建筑。日本人巧妙地使用木材，建造柔软且耐用的建筑。因为，日本人早已明白，在拥有压倒性力量的自然面前，顺从自然比对抗自然更为有效。

震灾复兴与城市建设 〔宫城·南三陆〕

2017年(平成29年)3月，在东日本大地震中遭受毁灭性破坏的宫城县南三陆町的志津川地区，"南三陆灿灿商店街(南三陸さんさん商店街)"正式投入使用。

经过1995年登米市的"森舞台"，1999年石卷市的"北上川·运河交流馆·水的洞窟"的设计、施工，隈研感受到了东北地区工匠的高超技巧以及自然的尊严。收到来自宫城县南三陆町的新城市建设设计的委托时，隈研提出两个要求后接受了项目。

"南三陆灿灿商店街"最初是从临时住宅中自然发

展而来的商业街，其后迁移至填土形成的海边成为常设的固定场所，延伸向大海的道路两侧排列的各栋建筑与大海融为一体，如和式房屋的缘侧一般，巨大的突出的屋檐下自然地形成了人们交流的空间。"南三陆灿灿商店街"的六栋平房中进驻了餐饮店、鲜鱼店、理发店等28家店铺，其中心是可以举办大型活动的美食广场，不仅当地居民经常利用，还吸引了很多游客，成为以复兴为目标的城市象征，终日人潮汹涌，摩肩接踵。隈研在"南三陆灿灿商店街"的建筑中大量使用当地特产的南三陆杉木材，木材的柔和质地营造出独特的氛围，是与当地民众日常生活密切相关的温暖的空间。

在志津川地区，除商业街外，隈研还负责新市区的整体设计。隈研的设计理念是追求与自然的调和，他在广泛听取市民意见的基础上提出了设计方案。新市区划分为旅游和商业、渔业、教育和文化区域等，徒步即可游览各个区域。防波堤上也设计了步道，城市中有火车和巴士站。街道中建筑的屋顶和墙壁颜色等也有统一的规划，从而保证了城市的景观的一致性。

穿过市区中心的"涛声大道（しおさい通り）"一直延伸向大海，在此可以眺望自然景色。为使其具有防灾功能，还对道路进行了拓宽。隈研还设计了连接公园和商业街的"中桥"。旅游和商业区临近河流，与对岸的复兴祈祷公园区域由"中桥"连接。"中桥"的设计中，活用了高知梼原的"木桥博物馆（云端画廊）"的建筑结构。

位于志津川东北的歌津地区的"南三陆Hamaare歌津（南三陸ハマーレ歌津 ）"也由隈研设计。震灾前约有30家店铺在此营业，现在还有八家店铺（截至2019年10月）维持经营。

隈研通过登米和石卷的建筑项目，感觉到了"东北的力量"，他认为这种力量和东北的地形密切相关。正是东北特有的地形保护了工匠，同时保护了自然景观。隈研也进行了在南三陆的整体设计，期待当地民众实际投入城市复兴建设。虽然不知道需要多久才能恢复以往繁华的城市面貌，但隈研决定持续守候。

诞生于神宫森林的博物馆 〔东京·原宿〕

因新国立竞技场而备受瞩目的神宫森林之中，又建成了一座隈建筑，即"明治神宫博物馆"。 明治神宫博物馆位于通向神殿的参道旁，作为供奉百年的纪念，展示原本收藏在神宫深处的宝物殿的藏品。博物馆共两层，建筑面积约3200平方米，除了如同树叶一般的薄屋顶外，隈建筑特有的栅格也增加了其情趣和特色，完美地融入神宫的森林之中。

明治神宫创建于1920年（大正9年）。虽然神宫境内的森林茂密如原生林，但实际上是100年前培育的人造林，其面积相当于15个东京巨蛋。神宫境内森林的所在地原本是田地，其后在此种植了从全国各地捐赠的10万棵树苗。最初种植的植物有365个品种，因水土、气候等问题，现在还存有234种。

比利时出身的艺术家丹尼尔·奥斯特负责"明治神宫镇座百年祭"仪式的花艺设计。他和隈研在日本桥三越总店开业仪式上也曾有合作。在"东西方的融合"的主题之下，丹尼尔·奥斯特创造的大胆、美丽的花艺造型，超越了西洋花艺的境界，迫近日本插花的真髓。在2015年（平成27年）秋季的授勋中，丹尼尔·奥斯特获得旭日小绶章。他的花艺作品还在正殿、外院东回廊、宝物殿、明治神宫博物馆等地供奉、展示。与奥斯特交好的隈研称："（奥斯特）比日本人更深刻地意识到日本的可能性。"在日本的传统建筑中，奥斯特的作品和周围的环境合奏出令人不可思议的共鸣。在神宫森林的背景下，奥斯特的花艺作品不断蔓延开来，表现出精湛的艺术创作水平。

日本人认为树木中寄宿着神性，所以一直很珍惜树木。神木如此，佛像也是由木材雕刻而成。虽然木材经过漫长的岁月会逐渐风化，会燃烧、会腐烂，但这也是与人类相同的符合自然的消亡之道。木材，对于与自然共存的日本人而言是最为适合的材料。

值得一提的是，为重建在战争中被毁的明治神宫正殿，重建委员会曾考虑使用混凝土，但在会议中，最年轻的委员岸田日出刀坚持建造木造建筑并力说其他的委员，最终，会议决定以木造建筑重建明治神宫正殿。世界上最古老的木造建筑法隆寺中，如果支撑屋顶的椽的尖端腐烂时，则可以将其抽出进行替换、维修。木造建筑是可持续的系统，这一创意也被隈研继承并应用于新国立竞技场的设计之中。

时代的大潮正试图从混凝土回归木材。加之技术创新，不仅木材的不可燃化业已实现，同时木材的耐用性也进一步得到强化。日本的国土面积的近七成被森林覆盖，是发达国家中屈指可数的森林国家。但遗憾的是，日本社会尚未充分利用这一宝贵的资源。

在海外有人利用木材建造的高层建筑，今后建筑的潮流将从无机质材料的建筑再次回归有机质材料的建筑。建筑既是媒体，也是反映时代的镜子，在"从混凝土到木材"这一时代转变的节点建成的明治神宫博物馆将与新国立竞技场一起成为展示后2020年的世界性建筑。

隈研仅现在着手进行中的项目就遍布20余个国家和地区。对几乎去过所有国家，足迹遍布全世界的隈研，其印象最为深刻的场所是禅宗发祥地的中国少林寺。被列入世界遗产名录的少林寺位于中国河南省登封市郊外，周边的风景秀美，令人感慨果然是达磨悟道时所沉浸的景致。

　　　　旅行中总会遇到各种麻烦。在中国旅行时经常会遇到航班延误、时间变更等情况，隈研称曾被迫在机场等候到第二天早上。但是即便是在这种极端情况之下，或与助手联系，或绘制草图，隈研都能有效地利用时间。

　　　　在中国的工作中往往需要参加酒宴。甚至称项目从喝酒开始也不为过。虽然最近因为重视健康的风气，曾经普遍饮用的高酒精度白酒被低酒精度的绍兴酒和红酒所取代，但多次干杯的习俗并未改变。

　　　　与他那基本不喝酒的父亲不同，隈研酒量很好。虽然对各种酒都有涉猎，但隈研特别喜欢葡萄酒。被葡萄酒的口味所吸引自不必说，同时他也喜欢那种手工制作、分别灌制，每瓶的口味都不尽相同的美妙感受。相比起红葡萄酒，隈研更喜欢白葡萄酒，其中最偏爱的是"橙子酒"。

　　　　酒精之外，隈研也会喝博士茶、草本茶、玫瑰果茶、浓缩咖啡等，口味的喜好会随着心情而发生变化。但是隈研现在经常饮用的是矿泉水，因为他觉得矿泉水似乎更适合自己的身体。

隈研非常注重的工作方法是，放松地工作和享受工作本身。如果感觉到压力，人就不可能做好工作，也不可能想出好的创意。相比困在办公室苦思冥想，隈研更喜欢待在现场。隈研不是仅用头脑去思考，而是实际去现场，感受现场气氛的同时和相关人员进行探讨，从而获得各种各样的灵感。据说隈研吾建筑都市设计事务所的项目会议中，大概一个项目仅耗时五分钟前后。

隈研始终重视的还是散步。只要有一点点空闲时间，隈研就会出门走动。因为只有这样才能有机会邂逅新的事物和人。隈研散步时基本上不会携带任何物品，脑海中灵感闪现的时候，就记录在手边的纸张上。大型项目的灵感有时候记录在餐厅的餐巾纸上，有时候记录在飞机的礼品袋上。

虽然最近隈研在事务所的时间很少，但事务所周边徒步可达的范围内有几个他很喜欢的地方。隈研之所以如此重视室外散步，是因为他认为这样可以激发灵感。

　　从1986年创业成立设计事务所开始，隈研就使用和其他工作人员同样大小的办公桌。隈研的设计事务所内没有分隔空间的墙壁，这样可以获得开放的顺畅交流的空间。创意从对话中产生，想象力不断拓展。即使是现在已经成为世界知名的建筑家，隈研在事务所中也没有专用房间，他的办公桌对任何人都是开放的。

　　我有很多和隈研设计事务所工作人员交流的机会，因此听到了各种各样的趣事，隈研设计事务所的职员都会活灵活现地表达自己的想法。这可能也是因事务所内开放的气氛所推动的。

隈研曾在高中时代造访大阪世博会瑞士馆从而邂逅了反建筑。此外，当时还有一次邂逅，才成就了现在的隈研。那是大阪世博会法国馆餐厅吃饭时使用的托盘。托盘上有凹凸，同时兼具盘子的作用。基于整体设计的理念，餐厅中的叉子、刀子、玻璃杯等也都经过精心的设计，给隈研留下了极为深刻的印象。

　　隈建筑的一大主题是利用单位形组合成各种形态。其原点在于他孩提时期热衷的积木，与积木的邂逅成为其后隈研以小的单位形组合创造更宏大世界的"细胞建筑"的契机。

　　活用"细胞建筑"思想的"木桥博物馆（云端画廊）"建成于2010年，是隈研长期与高知县梼原当地居民一起致力于城市建设的成果。木桥博物馆是外观宛如弥次郎兵卫挑担玩偶形状的桥状建筑，内部为画廊。

　　隈研在设计中巧妙使用传统建筑中用于屋檐的

"斗拱"，细小的木材不断重叠、错开、伸展构成"叨桥"结构。这是一座独特结构、世界罕见的建筑，从桥下仰望，其形态和结构令人惊叹、着迷。

以细小的木材为单元组合成较大结构的方法，与隈研设计的"CIDORI（チドリ）"系统高度相似。"CIDORI"是用54厘米长的木棒制作桌椅、架子等产品的设计系统，是基于飞骅高山传统工艺的进一步发展，其特点是不使用钉子，就可以将单元木材组装成各种形状。

"Water Branch House"（2008年）项目中，隈研又挑战使用枝状聚乙烯材料制成的50厘米长的方块盒子建造房子。由于是环保材料，所以素材可降解于土壤，而冷水和热水则如同像血液一样在连接起来的方块盒子中流动。隈研的这种实验，简直就是创造了精密的生物系统，也可说是其独特的代谢运动的设计尝试。

经历2次大震灾后的现代日本人意识到，容易再生的小且柔软的建筑在对抗自然灾害时更强。人们开始关注如何回归日本建筑的原点，木造建筑再次被重新审视，在其动向中，隈研是先驱般的存在。

但是，建筑能够对应灾害的功能是有限的，除去硬件外，也亟需加强软件方面的建设。为此，共享房屋被普遍认为是对抗自然灾害的有效手段之一。隈研也在自宅附近经营了三个共享房屋。

为保障住户之间的交流，隈研在关东大地震后建造的同润会公寓中设计了厨房、洗衣房、娱乐设施等共享空间。同润会公寓是由钢筋混凝土建造的当时最先进的集体住宅，同时沿袭了日本传统长屋中便于生活的功能性。常年直面自然灾害的日本人曾深刻地理解交流的重要性。但随着时代的变迁，城市形态和人的意识都发生了巨大的变化，现在很多地方的人们已经遗忘了交流的必要性，在直面人口减少和高龄化社会现状的今日，必须重新加强在软件方面的认识。

在灾难降临之时，我们能依靠的仍然还是人力资源。当基础设施瘫痪时，能在徒步可达范围内建立多少可供交流的网络才是关键问题。就此而言，多人共同生活的共享房屋才是灾难时人们的依靠。

东日本大地震的时候，隈研几乎没有邻里交往，但外地的亲戚送来蔬菜等生活资料，使他重新感受到了人际交往的重要性。现在，隈研经常去他经营的共享房屋和居住者一起吃饭，像家人一般交往。共享房屋的居住者中也有外国人，也使得隈研的人际关系网络遍布海内外。考虑到灾害时候的饮食问题，隈研还在共享房屋的屋顶上种植了香草等蔬菜。

2019 年 7 月

隈研吾都市设计事务所，青山

Q&A

采访者 · **Q**　隈研吾 · **A**

后 2020 年
——未来的日本与建筑的理想状态

Q· 自东日本大地震至今已经过八年之久，在此期间，隈研还参与了宫城县南三陆町的城市复兴建设项目。

A· 如您所知，震灾之前我就在东北参与了很多项目。登米的能舞台就是其中之一，在紧张的预算之中，虽然我会提出各种几近不合理的要求，但地方的人们都会想方设法尽全力配合。能和东北的工匠们共事，我真的感到非常开心。

Q. 　　　　因为孩提时期，我曾短暂居住在岩手的一关地区，所以东北人特有的气质给我留下了深刻的印象。东北的人们虽然朴实寡言，但非常耿直。

A. 　　　　是的。建造登米 "森舞台" 的时候，在没有预算的情况之下，工匠们按照我近乎无理的要求在能舞台的屋顶上粘贴石材，他们的技巧极为高超，完成后的房顶非常漂亮。

　　　　登米特产的石材也曾用于以前的东京车站和法务省建筑的屋顶，后来因为无法盈利，当地的采石场被迫关闭。当我提出，既然有这么好的石材为何不尝试利用之后，当地的民众为此特意重开了采石场。请您想象下，那是在木造建筑上安装贴了石材的屋顶呢。我在东北有很多这样美好的回忆。地震的时候，我脑海中不禁浮现出当地民众的容颜，我非常非常担心他们。

Q·　　　　　震灾时，隈研是在海外出差吧。我听说隈研是地震发生三周后抵达灾区的。隈研设计的项目都平安无事，真的是非常幸运。我听说，即便是位于海边的石卷的"北上川·运河交流馆·水的洞窟"也奇迹般地安然无恙。

A·　　　　　是的。虽然那是2/3埋在北上川沿岸的河堤之中的建筑，但奇迹般地未受损害。

　　　　　　　震灾后不久，我们就推动了名为"EJP（East Japan Product）"的项目。EJP项目的目的是，通过那些曾经给予我帮助的东北的工匠、我以及海外的建筑家们一起联合创作，从而让世界了解东北的工匠们。为此，我还联系了欧洲的设计师。

Q· 那是利用 "CHIDORI" 系统制作家具的项目吧。并非建筑类的大型的项目，而是制作小物件和杂货。首先从受灾民众可以独力完成的工作入手是非常好的想法。我记得，还用和纸做了扇子吧。

A· 嗯，是这样的。在我的呼吁之下，法国最畅销的产品设计师、家具设计师布拉莱克兄弟赞同我的提案，特意设计了木芥子。

布拉莱克兄弟设计的是鞠躬的木芥子，身体部分是弯曲的，因为他们认为日本人最喜欢的就是鞠躬的姿势。最初，木芥子的工匠们觉得布拉莱克兄弟的设计方案不可能制成产品，于是我们参与其中，最终利用铰链成功制造了鞠躬的木芥子。

Q· 此外您还制作了木芥子形状的手电筒以及木芥子头部形状的瓶盖呢。

A· 是的，因为木芥子是极具代表性的东北民间工艺品。那之后，南三陆町又委托我设计 "灿灿商店街"。

Q·　　　　"灿灿商店街"是2017年建成的吧。将临时的商店街迁移至高处，在整体建设完成后正式投入运营的。

A·　　　　一般来说，在建筑家参与的城市复兴项目中，相较真心满足当地民众的实际生活需求，往往更有一种设计建筑作品的强烈倾向。但是我们认为，既然是商店街，就必须将其建成能让当地民众开心的场所。为了实现让民众开心的目标，我们针对屋檐和照明等，进行了深入且细致的设计。

Q·　　　　是的，商店街就一定要营造出活力和欢快的氛围。那宽大的屋檐不仅可以让人们躲避风雨，其下也让人们联想起日本传统建筑中的缘侧，令人感觉非常舒心。

A·　　　　是的，我们就是在尽力营造您说的那种氛围。令人开心的是，商店街来了很多人，甚至可以说来的人太多了，停车场总是暴满，以至于当地民众去商店街的按摩店或者理发店的时候，都被告知无法泊车。

Q·　　　　　不仅仅限于商店街，隈研还做了地域的整体设计呢。

A·　　　　　是的。现在正在商店街旁建造一座木桥。那是一座双层结构的拱桥，连接至对岸的复兴纪念公园，是地域复兴的象征。

Q· 看来商店街仅仅是一个开始，今后隈研还会继续
设计新的城市景观。这真是令人非常期待。

此外，隈研还曾提倡"震灾假说"，指出建筑和自然灾害之间有
着极为密切的关系。

A· 我想说明的是自然灾害会改变建筑形态这一事
实。在震灾时我感受到，不仅是建筑，在某种意
义上，自然灾害也可以形成日本改变的契机。

在海外的演讲中我经常提及，18世纪里斯本大
地震时，虽然城市遭到毁灭性的破坏，但以此为
契机，欧洲开始了近现代化的进程。在英国出现
工业革命，科学技术获得巨大的进步，而这又催
生民主政治的出现。欧洲的民众意识到，无论是
信仰上帝还是依赖国王都不可能保护自己，于是
高呼民主主义，从而又引发了法国大革命。

正是如此，人们会因为悲剧而产生巨大的改变。
人在顺境中是不会改变的，然而一旦遭遇逆境，
人就会出现改变。我自己也因为手腕受伤而发生
了改变。

Q· 隈研具有身处逆境时不受其所累，而是努力改变将命运推向更好发展方向的力量。

据说里斯本大地震中有5万一6万人丧生，就当时世界的人口规模来看，这场灾害带给人们的冲击之强烈难以估量。

A· 也正是因为这场大地震，建筑界开始思考如何才能建造更大更坚固的建筑。

一次当我在海外的演讲中提及这些的时候，同为演讲者，曾担任联合国事务次长的明石康先生对我说："你的说法虽然有趣，但是在韩国有人持有不同意见呢。"所谓不同意见是认为，虽然里斯本大地震后整个欧洲都发生新的变化，但葡萄牙从此一蹶不振，欧洲的其他国家开始崛起。

于是我说，历史上还有即便是罹受大灾难却还能获得成功的案例。芝加哥大火就是如此。那是1871年的时候，因为火灾芝加哥几乎全城被毁。和今日的情况完全不同，那时候并没有不可燃木材。但也正是因为芝加哥大火的教训，建筑界认为必须创造新的建筑。那些被称为芝加哥学派的建筑家们，开始用混凝土和钢铁来制造高强度结构的建筑。比纽约还要早呢。

Q· 　　　　　早在弗兰克·劳埃德·赖特创业成立设计事务所之前，他在芝加哥的设计事务所任职时候的老师们就是芝加哥学派的大师。

A· 　　　　　此后，芝加哥学派创造的建筑风格影响至全美国各地，超高层建筑在美国普及开来。我想，如果没有芝加哥大火，美国的建筑技术会极大地落后于欧洲。
　　　　　芝加哥大火之后，美国的建筑技术远远超过欧洲，奠定了此后美国繁荣的基础。所以，我告诉明石康先生，同样的道理，以震灾为契机日本也有向更好的方向发展的可能性。

Q· 　　　　　关东大地震后的日本也曾实现复兴。战后日本更是从废墟中复活的。那么，隈研认为这次实现复兴的关键是什么？

A· 　　　　　我认为，对于日本而言，关键是环境技术。正如芝加哥大火后，高层建筑技术在美国获得发展，如果环境技术能在日本获得突破，我想，日本还能实现再次的飞跃。

Q·   "环境"也是隈研的研究领域呢。"负建筑"思想正是为了减轻建筑对环境的负担。

A·   我想，在震灾前就一定有很多人关注这些问题，思考解决方法。我自己也是一边思考一边实践，而震灾的发生，让我再次确认了方向的正确性。

Q·   震灾之前，隈研就在从事极具时代预见性的建筑设计。而现在，全社会已经不得不直面巨大的转折点，隈研如何认知今后建筑的发展方向？

A·   20世纪工业化社会中的趋势，基本上是追求在更短的时间内建造更大规模的建筑。然而在今后，我感觉更为重要的是，建筑需要全社会的共同参与。所谓建筑，不是令人非常愉快的事情么？不是仅仅交给建筑公司和预制件厂家，而是大家通过自己的劳动、自己的双手去创造。全社会共享创造的乐趣。在少子化、高龄化社会之中，建筑也将成为人们的生存价值，我认为，这对于社会而言是极为重要的。

虽然我是建筑家，但我希望并不仅仅依靠建筑家，而是由全社会共同创造建筑。这种理想社会，其实存在于曾经的日本。

Q·　　　　　在以前的日本，建筑被称为"普请"。比如"天下普请"就指大家齐心协力建造建筑。客户会邀请各种领域的工匠们共同建造房屋和庭院。

A·　　　　　正是如此。客户会邀请工匠，然后提出要求，指示工匠们工作。换而言之是客户邀请工匠建造自己的房屋。这和欧洲完全不同。在欧洲，设计和建造是建筑师或者技师的工作。而在曾经的日本，建筑是由客户和工匠们共同创造的。

Q·　　　　　还会邀请花匠呢。

A·　　　　　我认为，过去日本建造房屋的模式就是我们应该学习的榜样。而正因是木造建筑所以那种模式才能得以实现。因为是木造建筑，所以日本人才能自己建造房屋，自己维修、养护房屋。考虑到对环境方面的影响，木造是极为有效的建筑方法。

Q· 　　　正如隈研所说，因为过去都是小型建筑所以才能实现那种模式。小型建筑也能更好地融入环境，这是日本人从实践经验中获得的智慧吧。

A· 　　　因为大型建筑会割裂环境和空间。而所谓日本文化，就是通过细微之处的聚合、以各种不同组合方式而实现的。

Q· 　　　曾经的江户三百诸侯也像是各自独立的国家。应该说这是符合日本实际情况的。而我觉得这又和日本人的价值观、自然观念有着紧密的联系，从根本上来讲，日本人不会追求宏大的规模。比如，家中的坪庭、盆景就是如此，日本人反而在细节和微小的事物中探寻价值。

A· 　　　正是如此。此外，我现在还经营最近备受关注的共享房屋。我想这也将成为未来的模式。

Q· 　　　共享房屋就如同以前日本的长屋，是那种共同生活的现代版本。在关键时刻，大家可以互相帮助。

您认为的理想建筑呢？当然包括面对灾害时是否具备很强的抵御力。在做各种准备的时候，下一次地震可能随时到来。

A· 　　　我想今后建筑的发展方向是更为低矮的建筑，而不是高楼大厦。实际上，人口也在不断减少，并不需要又高又大的建筑。居住在接近地面的低矮的建筑内，在步行的范围内的生活方式就很好。

Q· 　　　因为隈研的目标是创造与自然融为一体的低层建筑，所以我非常理解您所讲的这些。

如果是高层建筑，当地震发生电梯停止时，人们就无法快速步行避难。就此而言，现在正是应该重新审视高层建筑的时代。

A· 　　　我的学生也在做相关研究。他们比较居住在高层建筑的孩子们以及居住在低层建筑的孩子们可能引起的精神问题，收集各种数据。

Q· 人还是脚踏实地才能安心呢。
隈研心目中的理想城市是怎样的？比如长冈那样的城市？。

A· 长冈是典型的汽车生活城市。因为人们都住在郊区以至于城市中心形成空心化，所以市长才提议创建"AO-Re长冈"，其目的就是想实现人口回流。我也切实地感觉到，在城市中心建造"AO-Re长冈"这样的设施，很快就能改变人们的生活。虽然此前大家都说长冈这座城市不能没有汽车，但是当"AO-Re长冈"建成后，所有人都感受到了人流的巨大变化。

Q· 即便是长冈这样的大城市也会有如此之大的改变呢。不过，我认为那是因为城市中建造了人们喜欢的建筑。

A· 以20世纪的工业化社会为背景，汽车迅速普及从而改变了日本的城市面貌。但是今后，不应再以汽车为标准，而应该以人为标准来考察城市建设。我们应该建设如同传统社会一般，人们可以聚集、可以交流和沟通的城市，为此，一定程度也应是小规模的城市。

Q ·　　　　　　是的。因为城市是依据人的生活、环境、自然的法则而形成的。

而如何建设立足于日本传统，虽然规模小但具备较强抗灾能力的城市，正是隈研应该大显身手的领域。

田实碧

————

后记

执笔本书，不仅得以窥得深刻理解传统文化的同时又不断进取创新的隈研的独创性活动，还唤醒了那些曾给我很大影响的女性前辈的回忆和体验。我意识到，他们之间有着非常多的共通之处。他们都有着旺盛的好奇心，不被世间的既有观念所束缚，坚持独特的价值观，绝不附和不雷同，能理解不同文化。在此，我想记录下那些给我以巨大影响的尊敬前辈们的珍贵回忆作为本书的后记。

　　我家翁的表妹荒木光子曾感慨："（我）既不是东京大学出身也不是艺术大学出身，却被大仓酒店委托内部装修设计。"荒木光子是三菱集团庄清次郎的女儿，她极具语言天赋，曾活跃于战前的社交界。因为荒木光子就住在我丈夫的父母家（位于赤坂）附近，所以我经常去拜访她，得以成为她的学生。荒木光子曾在奥地利居住数年，熟知欧洲的生活方式，除家具之外，她还精通染织、工艺美术、时尚等领域，从她那里我学到了很多。设计大仓酒店内装的时候，荒木光子与建筑家谷口吉郎先生合作，三井设计技术公司的村上英子担任他们的助理。此后，荒木光子还负责了东京希尔顿酒店（现东急凯彼德大酒店）的家具设计，那时我担任她的助理。其后，隈研又主持了东急凯彼德大酒店的改造项目，这也是冥冥之中的巧合。

　　白洲正子女士是我同校的前辈，她不但学识渊博且极具个性。白洲正子女士曾在银座经营名为"Kogei（こうげい）"的店铺，其资助者是三宅一生先生。两人都对染织品抱有强烈的兴趣，这种共同的价值观应是他们合作的基础。在西武百货店举办"印度展"时，我曾有幸拜访为三宅一生先生提供进口染织品的印度人阿萨先生的住宅以及他创办的染织博物馆。阿萨先生的住宅由勒·柯布西耶设计，其内部随处可见阿萨先生收集的古董家具和染织品，这又让现代主义建筑大师设计的简约风格的建筑，表现出厚重感和独特的品位。

白洲正子女士精通日本的传统文化，甚至会表演能剧，她还曾考察"十一面观音"出版过关于佛像造像的精彩论著。受白洲正子女士的感召，我也曾环琵琶湖旅行。白洲正子女士在陶瓷、漆器方面也有很深的造诣，她的义子牧山圭男先生是艺名为落林坊的陶艺家，还担任"武相庄"的馆长。"武相庄"位于鹤川（东京都町田市），是利用古民居改建而成的美术馆，专门收藏白洲正子女士的私人藏品。我还记得白洲正子女士执着于染织品的质地，喜欢米索尼早期的产品。虽然我拜访"武相庄"的次数屈指可数，但令我印象深刻的是：她晚年特别喜好用旧布料改造的衣服。

在我20多岁至30多岁之时，因为和织田雅子女士交好，得以经常去她家拜访。织田雅子女士的父亲山胁岩先生、母亲道子夫人都曾留学于包豪斯。虽然山胁夫妇在学仅仅两年时间，包豪斯就被迫关闭，但他们留学期间正是路德维希·密斯·凡德罗担任包豪斯校长的时期。在路德维希·密斯·凡德罗的指导下，山胁夫妇不仅学习了建筑和内部装饰，还接触了广告、摄影等广泛的领域，培养出作为日本人的独特感性。山脇夫妇在包豪斯学习染织，与瓦西里·康定斯基交好。1932年，山脇夫妇携绘有瓦西里·康定斯基铜版画的包豪斯毕业证回到日本。回国后，山脇岩先生一家作为日本的包豪斯人，生活在包豪斯风格家具环绕的住宅之中（包豪斯风格的家具现在仍然广受欢迎）。那悬挂在沙龙中的身着黄色晚礼服手持黑色长手袋的道子夫人肖像，令我记忆犹新。

坂仓百合（坂倉ゆり）女士是勒·柯布西耶的弟子、建筑家坂仓准三先生的夫人。她是文化学院的创立者西村伊作先生的次女，自幼成长于充满文化气氛的环境之中。婚后，坂仓百合女士始终致力于文化普及事业，与国立西洋美术馆的首任馆长富永惣一先生交往颇深。坂仓百合女士喜欢法国的时尚，经常出入轻井泽。住在六本木的坂仓事务所时，她经常在 "Gallery Saka（サカ・ギャラリー）" 举办各类文化活动。而位于 "Gallery Saka" 旁的 "三得利美术馆" 也是隈研设计的，这又让我感到某种不可思议的缘分。坂仓百合女士的女儿木田三保女士也是我的密友，她是轻井泽的 "Le Vent Museum Of Contemporary Art（ルヴァン美術館）" 的副馆长。

可爱迷人的兼高薫（兼高かおる）女士是旅行达人，我与她初次相遇在羽田机场。当时，我送同校的前辈、《孤独的人》（孤独の人）的作者藤岛泰辅先生出发去美国，回想起来，那已经是60多年前的事情了。其后在斋藤茂太先生的邀请下我加入了旅游作家协会，得以经常在协会和兼高薰女士会面。因为兼高薰女士住在六本木，所以无论是因公因私，我们经常一起参加协会活动，去国内旅行，听音乐会等，留下了很多珍贵且美好的回忆。我还记得一起参拜四国的金毗罗时，我奋力攀登785阶的漫长石阶，身材娇小的兼高薰女士则乘轿参拜。我们一起经历了很多愉快的旅程，那些旅途回忆弥足珍贵。兼高薰女士好奇心旺盛且精力充沛，无论在任何场所面对任何对象都能顺利完成采访，浑身洋溢着记者精神。作为日本旅游作家协会名誉会长，兼高薰女士去过150多个国家，熟知欧洲、亚洲各地的文化，晚年时对日本的礼仪的精通也令人称奇。可以说，兼高薰女士在东西方文化的融会贯通上也做到了极致。

隈研毕业于东京大学工学部，而东京大学前身的工部大学校的建筑是由明治政府通过英国皇家学会雇佣的外国建筑家乔赛亚·康德设计的。此外，日本银行总部、北白川宫邸、伏见宫邸、东京复活主教座堂、三菱一号馆、三井俱乐部等建筑也都是乔赛亚·康德的作品。乔赛亚·康德获得了以岩崎弥太郎为首的岩崎家族，弥之助、久弥、小弥太等人以及三菱集团的大力支援，得以在日本设计了很多建筑。田实家、庄家（荒木光子女士的家）和岩崎家是远亲关系，也与乔赛亚·康德的建筑有着很深的缘分。我探寻过乔赛亚·康德设计的所有建筑，包括建造在伊藤博文曾居住过的品川御殿山的三菱开东阁，岩崎久弥的汤岛岩崎邸、位于清泉女子大学的岛津本邸、西原的古河府邸以及位于三重县桑名的诸户邸等著名的宅邸。虽然三菱开东阁是三菱集团的迎宾馆，平时不向公众开放，但因我每年都会参加保护树龄400年的野田藤的"藤见会"，所以才有缘得以参观。

乔赛亚·康德还在日本培养了众多的优秀弟子，如，以设计第一期东京站而闻名的辰野金吾、设计赤坂离宫的片山东熊、设计小笠原伯爵府邸的曾祢达藏等人都是工部大学校的毕业生、杰出的建筑家。回顾乔赛亚·康德与现在的东京大学工学部、与隈研相关联的深厚的历史，不禁令我感慨万千。建筑之外，具有"日本主义"精神的乔赛亚·康德不但广泛学习日本的绘画、庭园、插花、戏剧、服装，并起到了将日本文化积极推广至海外的重要作用。如，他曾撰写《美丽的日本插花》，利用丰富的图版详细介绍插花的自然观、历史和技术。此外，乔赛亚·康德还向隈研也喜爱的浮世绘画师河锅晓斋学习，以"晓英"的雅号创作了很多作品。

我也非常喜欢乔赛亚·康德热爱的日本精彩的传统文化，我感觉隈研也抱有同样的价值观。

咖啡馆 · COEDA HOUSE

静冈县 · 热海市

2017 年 *9* 月

【隈建筑散策 · 咖啡馆 · COEDA HOUSE】

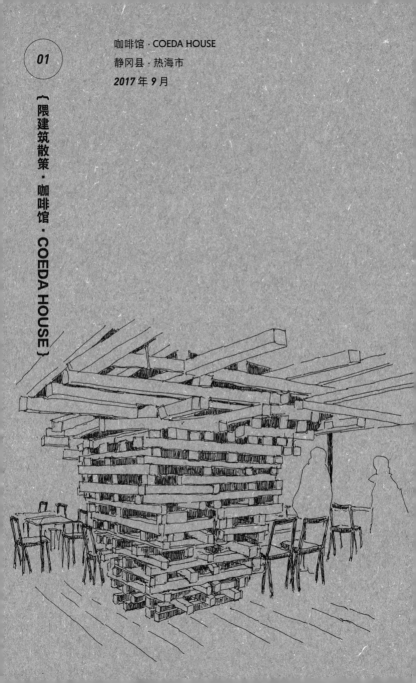

位于"赤尾香草与玫瑰园（アカオハーブ & ローズガーデン）"内，面向相模湾的悬崖上建造的景色绝佳的咖啡馆。外观宛如屋顶置放在一棵大树伸展的树枝之上的建筑。因为使用了类似树木的独特建筑结构，所以建筑外侧无需柱子支撑，四面都是玻璃，坐在店内也能欣赏周边美妙的风景。建筑内的设计也独具匠心，厨房柜台贴着镜子，照明和空调等隐藏在地板之下。基于整体设计的理念，椅子和桌子也是精心的原创设计。建筑内外融于周边环境的同时，营造出欣赏绝景的空间。

重点·
POINT

8厘米正方，长80厘米至12米的1500根木材，堆成49层，其形态好像生机勃勃的树木。木材用钢筋和树脂固定，看不到一颗钉子。整体利用轻量的碳纤维复合材料增强，其拉伸强度是铁的七倍，这样既能保证安全的构造，也符合抗震标准。

交通·
ACCESS

静冈县热海市上多贺1027-8

营业时间等详细情况请于网页确认。

进入"赤尾香草与玫瑰园"需要缴纳入园费

（最终入园时间为16：00）

交通方式/东海巴士6号线、网代方向，

"赤尾香草与玫瑰园"下车

http://www.garden-akao.com/

插图·片山邦夫

工厂·商店·咖啡馆
滨田酱油
熊本县·熊本市
2019 年 3 月

濒临有明海的熊本市西部的小岛地区曾因发达的海运业而繁荣。滨田酱油是200年前在此地创业的老字号，其区域内，被认定为国家登录有形文化财产的建筑鳞次栉比。因2016年熊本地震中仓库受灾从而实施改建。除传统的酱油酿造外，还新建了厨房和咖啡馆、销售各种口味的酱油以及相关产品的商店。在咖啡馆中可以品尝酱油冰淇淋和酱饼等。甜和鲜是熊本酱油的特点。

重点·　泥水匠以高超的技术复原了被称为海参墙的白墙。房顶下粗壮的圆木骨架和旧土墙的竹骨胎都展现在外，从而实现了以200年历史为傲的酱油仓库历史积累的可视化。外墙上的立体标志由大分有名的工匠仁五制作。

交通·　熊本县熊本市西区小岛6-9-1
营业时间等详细情况请于网页确认。
交通方式/九州产交巴士西7"小岛上町"下车步行约5分钟
Http://hamada1818.com/

插图·片山邦夫

267

03

〔隈建筑散策·微热山丘·日本〕

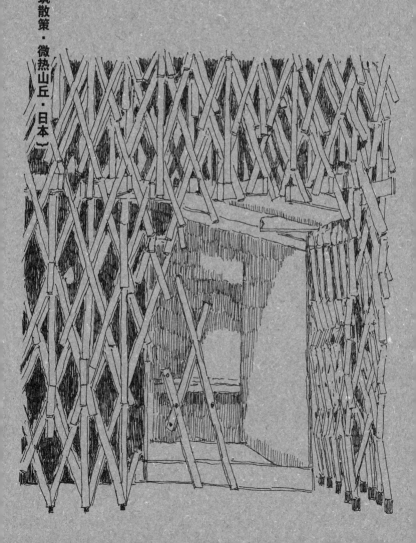

生产、销售中国台湾名产菠萝蛋糕的微热山丘公司的东京分店。店铺位于表参道附近南青山的安静的住宅区中，非常引人注目。三层高的建筑上覆盖了用日本扁柏制作的长方形木材，这些木材使用被称为"地狱组装"的传统施工方法，一根一根由熟练工匠手工组装而成。进入店铺内，宛如森林中的和煦阳光从木结构间洒入。店铺销售菠萝蛋糕，可以试食并配有香茶，给人悠闲之感。微热山丘公司的东京分店距离根津美术馆很近，推荐两地一起参观体验。

重点· 所谓"地狱组装"是只用榫卯不用钉子的传统建筑结构。因为组装后很难拆卸，所以被称为"地狱组装"。因为使用了三维的构造系统，所以即使是60毫米正方的细木材也能组合。微热山丘的建筑如同深邃的森林，又如轻盈的云朵，夜色笼罩时，又宛如飘浮的灯笼，营造出与白天完全不同的氛围。

交通· 东京都港区南青山3-10-20
营业时间等详细情况请于网页确认。
交通方式/东京地铁"表参道"下车A4出口步行约7分钟
Https://www.sunnyhills.co.jp/

插绘／片山邦夫

04

图书馆・美术馆・银行・店铺
Toyama Kirari（TOYAMA キラリ）
富山县富山市
2015 年 8 月

【隈建筑散策・Toyama Kirari】

富山市中心地区的百货店旧址上建造的10层复合设施。其中进驻了玻璃美术馆、市立图书馆、富山第一银行等机构。为充分利用从南射入的自然光线，特意在六楼设计的屋顶倾斜至二楼形成了开放式空间。整体建筑是以该空间为媒介汇聚三个功能的精妙设计。在开放式空间周围配置有本地产的日本柳杉板，营造出开放、柔和的空间感觉。其间还有玻璃画廊、咖啡厅、商店等，游客坐在二楼的咖啡厅里可以眺望外面行驶的有轨电车，获得身心的放松。

重点· 立面的设计灵感来自立山连峰，上面排列着约1000块由当地特产的铝、玻璃、石头三种素材组成的面板。这些面板的角度各不相同，能在不同时间反射不同的光线。内部装饰中也使用当地产的木材、玻璃和日本纸。开放式空间的构造令人震撼。建筑中的家具、标识等都是原创设计。

交通· 富山县富山市西町5-1（富山市玻璃美术馆）
营业时间等详细情况请于网页确认。
参观费用/成人200日元，高中学生以下免费 ※特别展除外
交通方式/市内电车"西町"站下车步行约1分钟，环线（セントラム）大广场前（グランドプラザ前）下车后徒步约2分钟
Http://toyama-glass-art-museum.jp/

插画·片山邦夫

广岛县
吴市音户市民中心 (2007)
山口县
安养寺木造阿弥陀如来坐像收藏设施 (2002)
下关市川棚温泉交流中心 川棚森林 (2009)
獭祭Store 总部店 (2016)
爱媛县
龟老山展望台 (1994)
高知县
梼原町地域交流设施 (1994)
梼原町综合厅舍 (2006)
城市车站 "梼原" (2010)
梼原木桥博物 (2010)
云端图书馆 (2018)

中国·四国

新潟县
AO-Re 长冈 (2012)
富山县
Cafe Kureon (2011)
Toyama kirari (2015)
石川县
Furbo (2015)
九谷陶瓷研究所
"CERABO KUTANI" (2019)
福井县
料亭开花亭 sou-an (2008)
长野县
奥社茶屋 (2003)
饭山市文化交流会馆
Natyura (2015)
Birch Moss Chapel (2015)

甲信越·北陆

福冈县
星巴克咖啡
太宰府天满宫表参道店 (2011)
九州艺文馆 本馆 Annex 2 (2013)
长崎县
长崎县美术馆 (2005)
长崎花园度假大酒店 (2009)
长崎花园度假大酒店
皇室露台栋 (2014)
熊本县
滨田酱油 (2019)
大分县
COMICO ART HOUSE YUFUIN (2017)
宫崎县
宫崎花园度假大酒店 (2012)

九州·冲绳

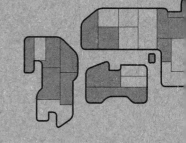

静冈县
水/玻璃 (1995)
COEDA HOUSE (2017)
日本平梦展望台 (2018)
爱知县
GC口腔科学博物馆研究中心
(2010)
两口屋是清 东山店 (2013)

御园座 (2017)
碧海信用金库
御园分店 (2017)
大府·阿久比服务区 (2018)
MIRAIE LEXT HOUSE NAGOYA (2018)
三重县
相合家具设计研究所 (2014)

滋贺县
守山市立图书馆 (2018)
京都府
Cocon Karasuma (2004)
koé donuts (2019)
ACE HOTEL 京都 (2019)

本图中标注了至2019年10月的各种可以访问的公共设施以及店铺等。 省略了个人住宅以及
企业或学校等。 详细请参照限研吾建筑都市设计事务所网页（https://kkaa.co.jp/）。

隈研吾日本境内主要作品一览图

北海道·东北

北海道
One Niseko (2012)
We Hotel TOYA (2018)
MEMU EARTH HOTEL (2019)

青森县
十和田市民交流广场 (2015)

宫城县
森舞台/宫城县登米町传统艺能传承馆 (1996)
北上川·运河交流馆·水的洞窟 (1999)
南三陆灿灿商店街 (2017)
南三陆 Hamare 歌津 (2017)

秋田县
Oyu Rest Area (2018)

山形县
银山温泉共同浴场 "Shirogane 汤" (2001)
银山温泉 藤屋 (2006)

关东

东京都
M 2 (1991)
银座松竹广场 (2002)
梅窗院 (2003)
One 表参道 (2003)
村井正诚纪念美术馆 (2004)
三得利美术馆 (2007)
蒂芙尼银座店 (2008)
根津美术馆 (2009)
浅草文化观光中心 (2012)
寿月堂银座歌舞伎座 (2013)
微热山丘·日本 (2013)
茅乃舍 (2014)
La Kagu (2014)
丰岛区政府 (2015)
京王高尾山口站 (2015)
ONE@Tokyo (2017)
日本桥三越
总店改建项目 (2018)
御茶水女子大学
国际交流学生广场 (2019)
星巴克甄选®
东京烘焙工坊 (2019)

鹤川女子短期大学 (2019)
明治神宫博物馆 (2019)
新国立竞技场 (2020)
JR高轮 Gateway 站
(2020)

栃木县
那须历史探访馆 (2000)
那珂川町
马头广重美术馆 (2000)
石美术馆 (2000)
tyok藏广场 (2006)
JR宝积寺站 (2008)

群马县
高崎停车场 (2001)
金山城遗址
导览设施·太田市金山
地域交流中心 (2009)
富冈市政府 (2018)
森之光教会 (2019)
富冈仓库 (2019)

神奈川县
汤河原站前广场 (2017)
DELIS 横滨大厦 (2018)

东海·近畿

大阪府
LVMH 大阪 (2004)
华都饭店 (2010)
Shun*Shoku
Lounge by Gurunavi
GURUNAVI (2013)
大阪皇家经典酒店
(2019)

致谢

我同校的后辈，edista（エディスタ）出版社的犬冢浩志先生是本书的策划。因为他的策划，我还曾在《旅途×艺术（旅×アート）》中采访过隈研吾先生。本书在双叶社的更科登先生的帮助下得以出版，我那难以阅读的手稿给他带去了极大的不便。采访完成于隈研吾先生设计新国立竞技场之时。
感谢三位先生在百忙之中抽出时间协助完成本书，向他们致以诚挚的谢意。本书的专栏插图作家是日本旅行作家协会的片山邦夫先生，向他致以诚挚的谢意。

作者简介·田实碧

毕业于学习院大学文学部。空间设计师。兴趣广泛，除关注日本的古代美术、考古学等领域外，还研究能剧、歌舞伎等日本的传统艺能。旅行作家协会、东洋陶瓷学会、日本庭园协会、日本英语交流会、土耳其协会、天野博物馆之友会（秘鲁）等协会会员。

20世纪70年代在西武池袋店举办田实碧私人藏品的时装表演和销售。创办社区大学。1974年至1979年，居住在巴西圣保罗，学习室内装饰、烹饪、陶瓷等技艺。80年代在有乐町西武与陈幼坚合作"HELLO香港"项目。曾负责会员制俱乐部"Uraku"、海外日本大使馆、个人宅邸等包括家具、餐具、外观装饰在内的整体空间设计。曾与中国香港君悦酒店设计师约翰·张合作，还担任艾德蒙大都会大饭店的艺术总监。

策划和实施的主要活动包括"大中国展""泰国展""印度展""土耳其展""西班牙展"等。除出版《すてきなホームデコレーション》（文化出版局）、《海を渡った日本のやきもの》（ぎょうせい）、《ガラスのはなし》（三越出版）等著作外，还在《インターナショナル家庭画報》（世界文化社）、《GIBIER（ジビエ）》（双叶社）等杂志、慕客志上发表大量作品。

图书在版编目（CIP）数据

旅行的建筑家：隈研吾的魅力/(日)田实碧著；
孙明远译.– 南京：江苏凤凰美术出版社，2023.9
ISBN 978-7-5741-0999-5

Ⅰ.①旅… Ⅱ.①田…②孙… Ⅲ.①隈研吾–访问记 Ⅳ.①K833.136.16

中国国家版本馆CIP数据核字(2023)第134898号

TABISURU KENCHIKUKA KUMA KENGO NO MIRYOKU
©Midori Tajitsu/ Hiroshi Inutsuka 2019
All rights reserved.
First published in Japan in 2019 by Futabasha Publishers Ltd., Tokyo.
Simplified Chinese translation rights arranged with Futabasha Publishers Ltd.
Through Future View Technology Ltd.

版权所有　侵权必究
著作权登记号　图字10-2020-570

责任编辑 · 曲闵民　韩　冰
责任设计编辑 · 曲闵民
书籍设计 · 曲闵民　蒋　茜
责任校对 · 吕猛进
责任监印 · 生　嫄
选书策划 · 曲闵民
助理编辑 · 赵　秘
书名　旅行的建筑家：隈研吾的魅力
著者　[日]田实碧
译者 · 孙明远
出版发行　江苏凤凰美术出版社（南京市湖南路1号　邮编：210009）
印刷 · 南京爱德印刷有限公司
开本 · 787mm×1092mm　1/32
印张 · 10.25
版次 · 2023年9月第1版　2023年9月第1次印刷
标准书号 · ISBN 978-7-5741-0999-5
定价 · 128.00元

营销部电话　025-68155675　营销部地址　南京市湖南路1号
江苏凤凰美术出版社图书凡印装错误可向承印厂调换